Lernweltforschung
Band 11

Herausgegeben von
H. von Felden, Mainz, Deutschland
R. Egger, Graz, Österreich

Ausrichtung und Zielsetzung
Innerhalb der derzeit dominierenden gesellschaftlichen Entwicklungen wird der Stellenwert der individuellen Handlungsfähigkeit der sozialen Akteure in den Vordergrund gerückt. Schlagworte wie „Wissensgesellschaft" oder „Civil Society" weisen auf die zentrale Bedeutung von Lern- und Bildungsprozessen für die politische, ökonomische und kulturelle Entwicklung hin. Diese Entwicklung schlägt entsprechend auf die einzelnen Biografien durch.

Mit dem in dieser Reihe entfalteten Programm der *Lernweltforschung* werden diesbezüglich die hier eingelagerten Vielschichtigkeiten und Eigenwilligkeiten, die überraschenden Umgestaltungen und Suchbewegungen von Subjekten in Lern- und Bildungsprojekten untersucht. Die hier sichtbar werdenden eigensinnigen Aneignungsprozesse werden innerhalb der je konkreten Situationen und Strukturen analysiert. Lernwelten werden dabei zumindest in einer doppelten Bedeutung sichtbar: Sie sind Rahmen und Rahmungen zugleich, Blick und Gegenblick, in denen Erfahrungen (im Rückgriff auf ein System von Regeln) bewertet, als Bestandteile der sozialen Welt durch subjektive Bedeutungszuweisung (re-)konstruiert werden, und in denen auch das „Aneignungssystem" selbst und der Prozess der Erfahrungsaufschichtung zur Disposition stehen.

Herausgegeben von
Prof. Dr. Heide von Felden
Johannes-Gutenberg-Universität Mainz
Deutschland

Prof. Dr. Rudolf Egger
Karl-Franzens-Universität Graz
Österreich

Rudolf Egger • Karina Fernandez

Grundversorgung Bildung

Über die Gefährdung sozialer
Kohäsion durch die Ausdünnung
der Weiterbildungsstruktur

Springer VS

Prof. Dr. Rudolf Egger
Mag. Karina Fernandez

Karl-Franzens-Universität Graz
Österreich

ISBN 978-3-531-19460-8　　　　　　ISBN 978-3-531-19461-5 (eBook)
DOI 10.1007/978-3-531-19461-5

Die Deutsche Nationalbibliothek verzeichnet diese Publikation in der Deutschen Nationalbibliografie; detaillierte bibliografische Daten sind im Internet über http://dnb.d-nb.de abrufbar.

Springer VS
© Springer Fachmedien Wiesbaden 2014
Das Werk einschließlich aller seiner Teile ist urheberrechtlich geschützt. Jede Verwertung, die nicht ausdrücklich vom Urheberrechtsgesetz zugelassen ist, bedarf der vorherigen Zustimmung des Verlags. Das gilt insbesondere für Vervielfältigungen, Bearbeitungen, Übersetzungen, Mikroverfilmungen und die Einspeicherung und Verarbeitung in elektronischen Systemen.

Die Wiedergabe von Gebrauchsnamen, Handelsnamen, Warenbezeichnungen usw. in diesem Werk berechtigt auch ohne besondere Kennzeichnung nicht zu der Annahme, dass solche Namen im Sinne der Warenzeichen- und Markenschutz-Gesetzgebung als frei zu betrachten wären und daher von jedermann benutzt werden dürften.

Lektorat: Stefanie Laux, Stefanie Loyal

Gedruckt auf säurefreiem und chlorfrei gebleichtem Papier

Springer VS ist eine Marke von Springer DE. Springer DE ist Teil der Fachverlagsgruppe Springer Science+Business Media.
www.springer-vs.de

Inhaltsverzeichnis

1 **Zur Sicherstellung sozialer Kohäsion durch eine zuverlässige Bildungsinfrastruktur** 7
  1.1 Einleitung 7
  1.2 Sozialraum und Lernraum 13
  1.3 Die Verelendung der gemeinsamen Räume? 15
  1.4 Was ist öffentlich? Was ist privat?
      Das liberale Trennungsdispositiv 23
  1.5 Die Ein-Räumung von Bildungschancen 26
  1.6 Bildungsungleichheit und regionale Grenzlinien 32
  1.7 Das Verhältnis von Raum- und Bildungsprofiten 35
  1.8 Der dritte Sozialraum: Konsequenzen des regionalen, demographischen und technologischen Wandels 42
  1.9 Grundversorgung Erwachsenenbildung 46

2. **„Grundversorgung Erwachsenenbildung in der Steiermark"** 53
  2.1 Die Sozial- und Wirtschaftsstruktur der politischen Bezirke der Steiermark – zentrale Parameter 54
  2.2 Erwachsenenbildungsteilnahme – Ergebnisse des Mikrozensus 2003 für die Steiermark 61
      2.2.1 Teilnahme an Weiterbildungsaktivitäten 62
      2.2.2 Teilnahme an Weiterbildungsaktivitäten nach Geschlecht ... 63
      2.2.3 Teilnahme an Weiterbildungsaktivitäten nach Alter 64
      2.2.4 Teilnahme an Weiterbildungsaktivitäten nach höchster abgeschlossener Ausbildung 66
      2.2.5 Ausbildungsbereiche des non-formalen Lernens 68
      2.2.6 Anzahl der in den letzten 12 Monaten besuchten Kurse 76
      2.2.7 Zeitlicher Aufwand für Weiterbildung 78
      2.2.8 Interesse an Weiterbildungsbereichen 81
      2.2.9 Weiterbildungsbarrieren und Veränderungen 84
  2.3 Logistische Regressionen zur Erklärung der Weiterbildungsteilnahme 87

2.4 Charakterisierung der steirischen Regionen 91
    2.4.1 Müde Lernwelten 95
    2.4.2 Bereite Lernwelten 97
    2.4.3 Fitte Lernwelten 99

3 Resümee und Folgerungen: Etablierung einer zuverlässigen Bildungsinfrastruktur vor Ort 101
    3.1 Forcierung der Sozial- und Lernraumperspektive 107
    3.2 Stärkung von Bildungsagenden in den Leitbildern der Kommunen 109
    3.3 Etablierung und Aufrechterhaltung innovativer Formen der Netzwerkbildung 112
    3.4 Entwicklung von Modellen zur Steuerung regionalorientierter Bildungspolitik 116

Literatur 121

1 Zur Sicherstellung sozialer Kohäsion durch eine zuverlässige Bildungsinfrastruktur

1.1 Einleitung

Der bildungspolitische Ruf nach Lebenslangem Lernen hat neben einer sozialbiographischen Dimension auch sozial-räumliche Aspekte. Der Ort, an dem wir für unser Leben, informell oder organisiert, in der Auseinandersetzung mit den Herausforderungen der konkreten Umwelt oder auch mit den Anstrengungen der Identitätsbildung lernen, hat entscheidenden Einfluss auf unsere Wahrnehmung von Welt. Einen sinnstiftenden Zusammenhang zwischen den Erwartungs- und Gestaltungsdimensionen der sich uns präsentierenden Räume herstellend, konstruieren wir, mikrodidaktisch wie auch biographisch-gesellschaftlich, einen Lern- und Handlungsraum. Die Kontexterfahrung Biographie stößt dabei an die Kontextvariable Raum. Die Bezüglichkeiten von Subjekt und Struktur erhalten einen unmittelbaren raumzeitlichen Rahmen. Die Prozesse, die wir als Lernen bezeichnen, d.h. die (reflexive) Erweiterung von Handlungsmöglichkeiten und die substantielle Bezugnahme auf Welterkennungs-, Gestaltungs- und eigensinnige Positionierungsbedürfnisse sind hierin eingebettet und erhalten durch die sozio-ökonomisch vorsortierten Aneignungsmöglichkeiten eine zentrale Rolle in der Entwicklung des Individuums.

Nun hat in den letzten Jahrzehnten unbestritten eine Ausdehnung der pädagogischen Orte und Kontexte diesseits und jenseits von Institutionen und formalisierten Lernaktivitäten stattgefunden, die eine fundamentale Erweiterung von Lerngelegenheiten, Aneignungsmodi und Bildungssettings gebracht hat. Trotz dieser Forcierung raumungebundener Lernorganisationen (wie z.B. viele Bereiche des eLearnings dies propagieren) ist der Faktor der konkreten Situiertheit von Lernprozessen in soziolokalen Verflechtungsräumen nicht zu hintergehen. Wie sich z.B. die Bezugnahme von Bildungsaspirationen auf die konkrete Umwelt gestalten kann, hängt von der substantiellen regionalen Verfügbarkeit von Bildungsangeboten und -möglichkeiten ab (vgl. u.a. Allmendinger und Aisenbrey 2002, Friebel 2008). Die Bildungsmöglichkeiten im faktischen lokalen Raum sind allerdings recht unterschiedlich ausgeprägt und zeigen immer deutlicher, dass bestimmte Regionen die grundsätzliche Sicherstellung der Erfüllung von Lebensbedürfnissen nicht mehr aufrechterhalten können. Desgleichen haben die ökonomischen Rahmungen von Bildungsprozessen den Kontext der gegenwärtigen Bildungsmöglichkeiten dermaßen geprägt, dass soziale, ethnische oder eben auch regionale Parameter Ausschlusskriterien darstellen, die noch dazu die Ursachen dafür den Betroffenen selber zuschreiben.

Soziogeographische Entwicklungen zeigen in den letzten Jahren in diesem Zusammenhang ansteigende Wachstums- und Schrumpfungsprozesse des Bildungsangebotes, und dies sowohl innerhalb von Stadtteilen als auch in Regionen und auf Länderebene (vgl. Werlen 1997, Weishaupt 2009). Neue Binnenmigrationsbewegungen erzeugen recht unterschiedliche Agglomerations- und Abwanderungsräume, deren Strukturindikatoren wie Lage, Erreichbarkeit und Siedlungsdichte aus bildungspolitischer Sicht mit einer sozialräumlichen Perspektive verknüpft werden müssen. In der Betrachtung und Bewertung dieser Inklusions- und Exklusionsphänomene gewinnen die Handlungsrahmen der Akteure und Akteurinnen einen entscheidenden Stellenwert (vgl. Bernt und Liebmann 2013). Regionen mit hoher Wissens- und Innovationsdichte ermöglichen es Individuen, ihre Handlungspotentiale stringenter zu entwickeln und diese auch zielführender einzusetzen. Dadurch ergeben sich wiederum neue Gewichtungen marktwirtschaftlicher, aber auch zivilgesellschaftlicher Machtbeziehungen und Ohnmachtserfahrungen, die sich innerhalb sozial-räumlicher Systeme verstärken. Die diesen zugrunde liegenden Aufspaltungstendenzen von wirtschaftlich und infrastrukturell potenten Kern- und strukturschwachen Randgebieten verfestigen und vertiefen sich über die Forcierung neoliberaler Steuerungsmodelle noch (in Österreich mit beispielsweise massiven Auswirkungen auf die Post oder die flächendeckende medizinische Versorgung).

Ein zentrales Element der Erzeugung ungleicher Entwicklungen stellt eine mangelhafte oder fehlende Einbindung in Wissensnetzwerke dar (vgl. Castel 2000, 2005), die sozialräumliche Ungleichheiten unter den Rahmenbedingungen einer globalisierten und wissensbasierten Ökonomie mit anderen Mechanismen der Exklusion verbindet. R. Kreckel (2004, S. 44) sieht hierin (im Kontext der politischen Soziologie) einen institutionalisierten und/oder gewaltsam durchgesetzten *„Ausschluss von den jeweils dominierenden Machtressourcen [...] aus der mangelnden Möglichkeit, Fähigkeit oder Bereitschaft zur Bildung von Gegenmacht"*, weshalb innerhalb dieses Spannungsfeldes, das sich durch *„Kräftekonzentration* *im Zentrum und Kräftezersplitterung an der Peripherie*" (ebd., S. 42) bestimmen lässt, eine oft kumulative Marginalisierung in wesentlichen Bereichen der sozialen und politischen Netzwerkbildung stattfindet. In der Ausbildung solcher Netzwerke spielen (vorderhand nicht-räumliche) Wissensressourcen eine übergeordnet große Rolle, wobei diese z.B. über die Ausstattung der Regionen mit Lern- und Bildungsorten eine äußerst große räumlich-geographische Dimension besitzen. Ähnlich wie der Ausbau von Verkehrswegen die Erreichbarkeit erleichtert, sind bildungsspezifische Faktoren zur Bestimmung der Entwicklungsdynamik von Regionen unumgänglich. Sie bedingen innerhalb eines sozial-räumlichen Prozessbegriffs das Handeln der Subjekte auf den unterschiedlichen Ebenen von Abwanderung, Abkopplung, Abhängigkeit und Stigmatisierung, wie M. Kühn und S. Weck (2013, S. 30) differenzieren: *„Abwanderungen sind ‚Abstimmungsprozesse mit den Füßen', die in der Entscheidungsabwägung für ‚Gehen' und gegen ‚Bleiben' auf eine fehlende Lebensqualität oder fehlende Zukunftsperspektiven für die Menschen hindeuten"* (ebd., S. 31). Die hier entstehenden negativen Effekte sind vor allem für die soziale, bildungsspezifische Diversität oder auch für den Altersaufbau von Regionen dramatisch. Fehlen über längere Zeit wesentliche Personengruppen, verfestigen sich Prozesse der Erosion und der Ausdünnung von Lebens- und Verwirklichungschancen, und diese wiederum führen zu klassischen Fällen von Nicht-Kohäsion und negativen Innovations- und Wachstumsdynamiken im Sinne einer Abkopplung von zufriedenstellenden Verflechtungsräumen. *„Eine ‚Abkopplung' von Städten und Regionen bedeutet, dass sich ihre Integration in die übergeordneten Regulierungssysteme von Markt und Staat lockert und Zugänge dazu erschwert werden. [...] Diese Innovationsschwäche kann sich u.a. in einer geringen FuE-Dichte [Forschungs- und Entwicklungsdichte; R.E.] durch fehlende Hochschulen, niedrigen industriellen FuE-Aktivitäten [Forschungs- und Entwicklungsaktivitäten; R.E.], einem niedrigen Bildungs- und Qualifikationsniveau der Arbeitskräfte [...] ausdrücken. Abkopplungen peripherer Städte und Regionen sind damit das Ergebnis von marktbezogenen Standortentscheidungen von privaten Wirtschaftsunternehmen, aber auch des Staates, der durch die öffentliche Bildungs- und Forschungspolitik bestimmte Standorte privilegiert und andere benachteiligt"* (ebd., S. 33f.).

Gerade auf diese Abkopplungsprozesse haben alle Formen sozialer Infrastrukturnetze einen großen Einfluss. Sie bestimmen, wie Menschen durch die verschiedensten Formen aktiver Angebotswahrnehmung ansprechende Lebensbedingungen in allen Bereichen ihres sozialen und beruflichen Lebens herstellen können. Gerade durch den Abbau von Einrichtungen der öffentlichen Daseinsfürsorge, z.B. von Bildungseinrichtungen, Spitälern, Kulturanbietern oder auch von öffentlich sichergestellten Verkehrsanbindungen, werden passive, „müde"

Regionen geschaffen, die realpolitisch und wirtschaftlich an den Rand gedrängt und letztlich stigmatisiert werden. Gerade diese territorial differenzierten sozialen Definitionen von Handlungskontexten haben massive Auswirkungen auf die Festlegung der Aktionsräume von Subjekten und damit auch auf die Innovations- und Wettbewerbsfähigkeit ganzer Regionen im globalen Kampf um die wichtigsten Formen von Ressourcen. Ein Ausweg aus derartigen Stigmatisierungsmechanismen liegt in der Gestaltungskraft von (Weiter-)Bildung, die als Motor für Prozesse der Regionalentwicklung dienen kann. Dazu gilt es aber, die regionalen Entwicklungsanforderungen genau zu kennen und nicht nur auf die Kraft des Individuums im Sinne reiner Employabilität zu achten.

In der Theoriediskussion der Weiterbildung als auch in den praktischen Orientierungen erwachsenenbildnerischen Handelns hat sich das Interesse an der individuellen Handlungsfähigkeit der sozialen Akteure und Akteurinnen definitiv gewandelt. Globale ökonomische Entwicklungen, Schlagworte wie Informations- oder Wissensgesellschaft, wissensbasierte Volkwirtschaften oder Beschäftigungsfähigkeit haben die zentrale Bedeutung von aktiven Lern- und Bildungsprozessen für die ökonomischen und zumindest formal auch für die zivilgesellschaftlichen Entwicklungen enorm gesteigert. Die Individuen sind permanent aufgefordert, sich Wissen und Kompetenzen anzueignen und mit Karriereoptionen oder sozialer Anerkennung in Verbindung zu bringen. Dieser Fokus setzt eben aber auch darauf, dass eine substantielle Einbettung des Lernens in den Lebensverlauf des/der Einzelnen erfolgen kann bzw. ermöglicht ist. Aus diesem Grund ist eine tatsächliche Sicherstellung der Pluralität differenzierter Lernkontexte auch in jenen Lernorten, die aufgrund soziodemographischer Entwicklungen immer stärker benachteiligt werden, essentiell, um der Forderung nach einem Lernen im Lebensverlauf zufriedenstellend nachkommen zu können. Gerade der Mix aus personalen, physischen, kognitiven oder emotionalen Dimensionen auf der einen und der Bezugnahmen auf die sozialweltlichen Bedingungen der Lernenden (Milieuzugehörigkeiten, lokale Bezugsrahmen, politische Einflussgrößen etc.) auf der anderen Seite bestimmt die tatsächlichen personalen Voraussetzungen und auch die Formen der Teilnahme bzw. Nichtteilnahme an (Weiter-)Bildung. Individuelle Entscheidungen sind deshalb stets vor dem Hintergrund einer generellen Bildungs- und Soziallandschaft zu verstehen. Verändern sich innerhalb demographischer, globaler/lokaler, sozialer oder staatlicher Dynamiken die hier wirkenden Parameter, hat dies Auswirkungen auf alle Menschen, besonders fundamentale aber wiederum auf solche in den sogenannten Randlagen (vgl. Egger 2006). Gerade wenn es um die immer stärker zutage tretenden soziodemographischen Veränderungen oder die derzeit stattfindende „Neuordnung" staatlicher Interventionen und Bestandsgarantien in der Arbeitswelt, der Rentensicherung, der

Gesundheitsvorsorge oder auch der Bildungsförderung geht, werden die bislang gültigen Prozesse von Statuserhalt, Wohlstandssicherung und Deklassierungsvermeidung fundamental verändert. Dabei wirken die bislang schon vorhandenen Kräfte von Geschlecht, Soziökonomie oder Bildungsnähe/-ferne und verstärken erwerbsbiographische, gesundheitliche oder auch altersbezogene Risiken.

Auf der Ebene der Regionen werden die sozialräumlichen Disparitäten drastisch evident. Zonen des ökonomischen und sozialen Wohlstandes stehen Zonen der allmählichen Erosion und Gefährdung der Grundversorgung gegenüber. Die dadurch entstehenden unsicheren Vergesellschaftungsformen erzeugen bei den Betroffenen unterschiedliche Formen der Bewältigungsversuche, die von einem „Sich-Einrichten in der Prekarität" („precarium" stammt aus dem Lateinischen und bedeutet in etwa „gefährlich, verdächtig, riskant, instabil, auf Sand gebaut"; vgl. Standing 2011) bis hin zur Abwanderung reichen. Die hier sichtbaren Dynamiken der sozial-regionalen Frage spiegeln eine Lebenswelt wider, in der im Zuge des beschleunigten demographischen und technologischen Wandels neue Zwänge entstehen, die sich auch auf das Bildungsangebot auswirken. Die in den Regionen zu Verfügung stehenden Ressourcen sind in diesen Entwicklungen äußerst ungleich verteilt, weshalb sich die Kluft zwischen den „Speckgürteln" der Städte und den Peripherien auch immer stärker ausweitet. Das Leben an den Rändern wohlversorgter Gesellschaften wird dabei in der Regel ausgeblendet, d.h., es bleibt gesellschaftlich und medial weitgehend unsichtbar.

R. Castel (2000, 2005) machte auf diese neuen sozialen Lagen und Positionen bislang abgesicherter Gesellschaftsschichten aufmerksam und prägte hierfür den Begriff der Vulnerabilität. Damit wird eine fragile Zone in den Blick gerückt, in der es oft noch gar nicht um Armut, Marginalisierung oder soziale Ausgrenzung im bedrohlichen Sinne geht, jedoch der Lebensstandard und die Erringung von beruflichen und sozialen Positionen nicht mehr sicher sind. Die Frage von Auf- und Abstieg, von Stabilisierung und Destabilisierung, von Sicherheit und Unsicherheit steht in dieser Zone zur permanenten Diskussion. Unsicheren Arbeits- und/oder Lebensverhältnissen ausgeliefert, verstärken regionale Disparitäten diese Prozesse noch und verändern schleichend die Sichtweise auf die Grundlagen von sozialen Ungleichheitsregimen in unserer Gesellschaft. Dies geschieht vor allem durch vielfältige Formen der Migration. Insbesondere Menschen mit höherem Sozial- oder Risikokapital ziehen aus benachteiligten Regionen weg. Damit fehlen sowohl diese konkreten Personen und deren Lebensprojekte in den Regionen als Anknüpfungspunkte für soziale Lernprozesse als auch deren Stimmen im Chor einer sich emanzipatorisch und zivilgesellschaftlich begründenden Bildungsdiskussion.

Das Anliegen der hier vorliegenden Studie liegt darin zu untersuchen, ob und, wenn ja, wie stark periphere regionale Strukturen im Kampf um lebenswerte Räume benachteiligt sind, und welche Effekte diese Benachteiligungen auf die Bewohner und Bewohnerinnen haben, wenn nicht durch Weiterbildung entgegengesteuert wird, bzw. aufzuzeigen, welche Rolle eine Grundversorgung mit Weiterbildung in diesem Zusammenhang generell einnehmen kann. Hinter dem augenscheinlichen Kampf um finanzielle Ressourcen auf Ebene der Entscheidungsträger und -trägerinnen verbirgt sich ein weitreichendes gesellschaftliches Krisenszenario, das über kurz oder lang zu einer eindeutig regional segregierten Gesellschaft führen wird. Die sich daraus ergebenden klassischen Nicht-Kohäsionseffekte (wie regionale Entwurzelung, Abwanderung oder zivilgesellschaftliches Null-Engagement) werden zu großflächigen gesellschaftlichen Bruchsituationen führen, die vor allem für Menschen, die „vor Ort" bleiben, dramatische Folgen haben werden (vgl. Brandt 2008, Standing 2011).

Dementsprechend gruppiert sich das Vorhaben dieser Studie um die Vorstellung, dass aus den heutigen politischen, ökonomischen, kulturellen, gesellschaftlichen und ökologischen Krisen nur lernend ein Ausweg gefunden werden kann. Die heute dominanten gesellschaftlichen Entwicklungen sind ohne die Steigerung der individuellen Handlungsfähigkeit der sozialen Akteure und Akteurinnen nicht zu bewältigen. Dabei spielen lokal verankerte Lern- und Bildungsprozesse für die Entwicklung einer solchen Handlungsfähigkeit eine entscheidende Rolle. Ein Über-Leben in Wohlstand und Sicherheit darf nicht einzig aus der Perspektive der wohlversorgten Regionen/Personen gesehen werden, vielmehr geht es heute wie in allen Zeiten darum zu kämpfen, dass Menschen in unterschiedlichen Kontexten in der Lage sind, ihre Interessen aktiv und intelligent zu verfolgen. Wer lokale und globale Lernanforderungen nicht auch lokal bewältigen kann, wird aus der menschlichen Vorsorgestruktur abgekoppelt. Dieser Bezug auf die Lokalität stellt für die Erwachsenenbildungstheorie und -praxis ein neues stimulierendes Projekt dar.

Die im Zeichen uneingeschränkter Dominanz der Marktideologie sich zuspitzenden Tendenzen der reinen Angebots- und Nachfragelogik, der Deregulierung und Individualisierung führten zu einer Polarisierung der gesellschaftlichen Diskurse über Bildung. Auf der einen Seite beharrten humanistische pädagogische und erwachsenenbildnerische Positionen auf einem subjektorientierten Bildungsbegriff, der Lernen vor allem auf die Selbstbestimmung der Subjekte ausrichtet. Auf der anderen Seite gruppierten sich dienstfertige Sozialtechnologien, die den Anspruch auf eine möglichst reibungslose Anpassung und Eingliederung in die Logik der ökonomischen Verwertungsprozesse und neoliberalen Herrschaftsdynamiken zu ihrem unhinterfragten Ausgangspunkt machten. In großflächigen

Kampagnen wurde die der klassischen Bildungsarbeit als fundamental gültige Frage nach dem Sinn, der die Subjekte in integraler Weise zu ihrem Handeln motiviert, zugunsten eines technologischen Anpassungslernens unterdrückt. Die Ursachen für diese Entwicklung liegen auch in der Entfaltung der Bildungswissenschaft selbst. Viel zu stark und zu lange haben sich normative Postulate in der Erwachsenenbildung auf die Begründung des „guten, starken und kritischen Menschen" beschränkt, wurden Forderungs- und Förderungskataloge entworfen, ohne sich der empirischen, realen Grundlagen deren Umsetzbarkeit in der wirklichen Welt zu stellen. Ein beträchtlicher Teil der erwachsenenbildnerischen Publikationen lebte und lebt von normativ-begrifflichen Kategorisierungen und Sollens-Anforderungen, die sich ihrer Anwendung aufgrund ihres postulativen Charakters von vornherein großteils entziehen. Die dabei entstandenen „philosophischen" Intentionalismen und Planungshypertrophien fußen kaum auf den tatsächlichen Verhältnissen der Subjekte. Um einen aufklärerischen Anspruch einlösen zu können, bedarf es eines analytischen Entwurfs des Mensch-Seins. Dieser muss aber ebenso die subjektivitätsoffenen wie die strukturell angelegten tatsächlichen Potentiale und Beschränkungen des Handelns berücksichtigen. Erst in der Verbindung der intentionalen Logik des Handelns Einzelner mit den strukturellen Bezügen derselben ist zu erahnen und zu beschreiben, was Erwachsenenbildung heute, angesichts der vielen lokalen und globalen Herausforderungen, sein kann.

1.2 Sozialraum und Lernraum

Weil biographische, sozialregionale und strukturelle Probleme unmittelbar zusammenhängen, hat soziale Benachteiligung immer auch eine regionale Dimension. Deshalb muss die regionale Benachteiligung einerseits sozialstrukturell rückgebunden, andererseits aus bewältigungstheoretischer Perspektive, d.h., die gesamte Person-Umwelt-Beziehung betrachtet werden. Die erziehungs- und bildungswissenschaftliche Diskussion um soziale Benachteiligungen hat in den letzten Jahren die konkreten Lebensverhältnisse von Menschen mit Theorien sozialer Ungleichheit verbunden und darauf hingewiesen, dass soziale Ungleichheit in unseren Industriegesellschaften nicht nur sozial, sondern ebenso regional analysiert werden muss. Der Zusammenhang von regionaler Ungleichheit und sozialer Benachteiligung verschärft sich dabei in dem Maße, wie der Sog des Strukturwandels der Arbeitsgesellschaft die (sozialen) Peripherien vergrößert und die sozialstaatliche Absicherung der Lebensverhältnisse schwächer wird. Dabei treten traditionelle sozialstrukturelle Ungleichheiten in neuen konsumgesellschaftlich verdeckten und überformten Konfigurationen wieder auf (vgl. Hillmert 2007).

In diesem Zusammenhang muss das herkömmliche über Herkunftsfamilie, Einkommen, Bildung und Beruf geprägte Indikatorengefüge durch eine Vielzahl neuer Indikatoren wie soziale Lage, sozioregionales und soziokulturelles Milieu und Lebensstil erweitert werden, die wiederum biographisch aufzuschließen sind. Dieser regional-biographische Fokus kann das vertikale Schichtungsmodell sozialer Ungleichheit ergänzen. So wird z.B. die erwähnte alltagsnivellierende Wirkung des Konsums an die horizontalen Ungleichheiten vor allem auch vor dem Hintergrund neuer sozialstruktureller Segmentierungen im Verhältnis von Zentrum und Peripherie der Gesellschaft zurückgebunden.

Das permanent auftauchende Wechselspiel von Chancen und Risiken als das bestimmende Strukturierungsmerkmal individualisierter und pluralisierter Gesellschaften ist zwar für alle Gesellschaftsmitglieder grundsätzlich dominant, aber erst in der Verbindung der biographischen mit der strukturellen Perspektive zeigt sich, warum manche Optionen für die einen Chancen, für die anderen Risiken und Verluste sind. Horizontale soziale Ungleichheit äußert sich in den unterschiedlich verteilten, regional und soziostrukturell segmentierten Erreichbarkeiten, in den hier ge- bzw. verwehrten Zugängen. In der bildungswissenschaftlichen Diskussion wird dies insbesondere im Kontext von Exklusions- sowie sozialen Schließungstheorien und der Kapitalientheorie von P. Bourdieu (vgl. u.a. 1991, 1997) reflektiert. Diesen Perspektiven ist gemeinsam, dass sie soziale Ungleichheit, die im biographisierten Alltagsverhalten verdeckt erscheint, theoretisch fassen und erkennbar machen. Erst aus einer solchen strukturellen Perspektive werden jene Elemente von Benachteiligung sichtbar, die die individuellen und gesellschaftlichen Folgekosten von Ungleichheit sichtbar machen. Während die subjektiven Benachteiligungen in Form von konkreten Ausschlussszenarien oder auch von Arbeitslosenzahlen oft unmittelbar ins Auge fallen, sind die dahinter wirkenden Mechanismen in ihrer gesellschaftspolitischen Dimensionierung (als ein Phänomen der Nicht-Kohäsion) im Alltag oft schwerer zu erkennen.

Ähnlich wie die Entscheidungen von Menschen, sich gegen bestimmte ansteckende Krankheiten impfen zu lassen, stets individuelle Vorsorgeentscheidungen sind, aber auch soziale und epidemiologische Wirkweisen beinhalten (je höher der Durchimpfungsgrad einer Gesellschaft umso niedriger die Ansteckungsgefahr für nicht Geimpfte), bedeutet dieses Bild, auf das generelle Bildungsniveau und auf die Garantie der grundsätzlichen Versorgung mit Bildungsangeboten in den Regionen übertragen, dass durch die Schaffung von gesicherten Teilnahmestrukturen in aller Regel auch zivilgesellschaftliche Effekte im Sinne einer verstärkten „Abwehrleistung" gegen viele Formen sozialer Bedrohungen generiert werden. Dabei werden die Bereiche des erweiterten Bildungsnutzens, die „Wider Benefits of Learning" wichtig (vgl. u.a. Blackwell und Bynner 2002, Feinstein

2002, Green, Preston und Sabates 2003). Dazu zählen vor allem die unterschiedlichen Arten der Erzeugung sozialer Kohäsion und der Erzeugung mannigfacher Formen der Gemeinschaft. Wesentlich ist auch, dass diese Chancen nicht allein über den Arbeitsmarkt, sondern über einen intermediären Bildungssektor erschlossen werden, womit die Perspektiven einer Lifelong Learning Society zur ökonomischen und sozialpolitischen Notwendigkeit erster Ordnung werden. Die Verbindung zwischen Sozialraum als Sozialisations- und Handlungsraum unterschiedlicher Lebenslagen und Lern- und Aneignungsraum (vgl. Böhnisch und Münchmeier 1990, Deinet 1991, Hurrelmann 1995) wird deshalb abseits normativer Elemente in der Bezugnahme auf die Innenperspektive ihrer Bewohner und Bewohnerinnen und der strukturellen Möglichkeiten, innerhalb derer sich der gesellschaftliche Raum präsentiert, wichtig. Dieses verdichtete Wechselverhältnis gestaltet sich entlang des Lebensverlaufes des/der Einzelnen sehr unterschiedlich (von der großen Abhängigkeit in der Kindheit bis hin zur prinzipiellen/temporären Loslösung vom Herkunfts-Sozialraum im Erwachsenenalter). Eine entscheidende Rolle spielen aber auf allen Ebenen die ökonomischen und gesellschaftspolitischen Strukturkräfte, die soziale Räume an kulturelle Ressourcen und Machtstrukturen binden. Die darin enthaltenen strukturgebundenen „Ordnungsrufe" betreffen nicht nur die tatsächliche „Organisationsebene von Gesellschaft", sondern auch die Einstellung zu Prozessen der Aneignung von Sozialraum und der Bestimmung der Möglichkeiten des Miteinander. Dabei hat die Dominanz der neoliberalen Wirtschaftsideologie individuelle und gesellschaftspolitische Logiken derart überformt, dass Elemente der Direktdemokratie und der Zivilgesellschaft einem globalisierten Vernutzungsdiktat unterworfen sind. Die Bedingungen für die Herstellung einer Gemeinwohlperspektive haben sich aus dieser Perspektive den „Sachzwängen" zu unterwerfen, die wiederum auf den rein ökonomischen „Gesetzen" des Marktkampfes beruhen. In der Diskussion über die Herstellung einer zivilgesellschaftlich sensiblen öffentlichen Bedeutung von Bildung muss deshalb der Rahmen des Miteinander-Denkens und Miteinander-Handelns unter den Globalbedingungen der „Bewirtschaftung von Humanressourcen" kritisch bestimmt werden. Dazu ist es notwendig, die Wechselbeziehungen des Eigenen im Sinne eines nicht-öffentlichen Selbstseins und der gesellschaftlichen Verfügung darüber zu bestimmen.

1.3 Die Verelendung der gemeinsamen Räume?

In Bildungsräumen als konkreten Lebenswelten werden Menschen mit den Ideen, Ansprüchen, Ausformungen, Widerständen oder auch Zumutungen von anderen bzw. seitens anderer Menschen konfrontiert. Lernen bedarf hier der konkreten Bezugnahme auf ein Vor-Gedachtes, ein Vorzufindendes, um die eigene Intentionalität als Ressource begreifen zu können. Die Welt, in die wir hineingeboren werden, ist deshalb nicht immer nur einfach ein rohes Spiel des/der vermeintlich Stärkeren, gegen den/die man sich in einsamer Anstrengung wehren muss, sondern ist vor-gedachte, vor-gestaltete menschliche Kultur, ist auch das Resultat absichtsvoller Aneignung.

Damit solche Prozesse der Relationierung und Lokalisierung erfolgen können, bedarf es aber der Möglichkeiten, daran teilzunehmen. Das bedeutet ganz konkret, dass Menschen in ihrer unmittelbaren Umgebung, den Gemeinden, den Regionen lernen können müssen, vorausschauend zu leben, Eigen- und Gemeinsinn zu entwickeln. Dies scheint heute ein vielerorts vermessener Anspruch zu sein, sind doch die Dimensionen eines kollektiven Lernens und die Verknüpfung von solch gemeinschaftlichem Lernen mit institutionellen Transformationsprozessen sehr ins Hintertreffen geraten. Betrachten wir z.B. die Reaktionen von Gesellschaften, Institutionen und Subjekten auf die Folgen der Klima- oder der Finanzkrise, so bemerken wir bald, dass neben den zahllosen guten Ratschlägen und Lehren daraus der Wille zur volonté generale kaum gestärkt wurde. Die Fähigkeit und auch die Überzeugung eines politischen Gemeinwesens, dass es ein gemeinsam getragenes Notwendiges in der Zivilgesellschaft gibt, das auch gegen die Interessen mächtiger Einzelner oder der hedonistischer vieler durchgesetzt werden könnte, scheint kaum angewachsen zu sein. So sieht es weiterhin nicht danach aus, als würden die anstehenden großen Lernprozesse und Veränderungen von sozialpolitischer Vernunft, von einem Anspruch, das Wohl in unserem Gemeinwesen solidarisch zu organisieren, getragen werden. Im Gegenteil, gerade in Zeiten schrumpfenden Wirtschaftswachstums immunisieren sich weite Kreise unserer Gesellschaft immer stärker gegen die Folgen ihres Handelns. Individuell wird mit Klauen und Zähnen der nach wie vor ausschweifende konsumistische Lebensstil verteidigt, wenn wir aber nach den Kosten dafür gefragt werden, geht uns das plötzlich alles nichts mehr an, sind wir ahnungslos oder über „die Politik" verärgert. Unser aller Problembewusstsein ist hierbei sehr kurzatmig auf die jeweilige individuelle Problemlage ausgerichtet. So treibt die Gesellschaft weiter auseinander, denn das Gesellschaftliche kann ohne Formen des Gemeinsamen, des Engagements nicht existieren. Überaus deutlich wird diese kapitalistische Interpretationsvariante des Gemeinwesens in den sogenannten „Banken-Rettungsversuchen" der Regierungen sichtbar, die davon ausgehen, dass allein die Finanzmärkte eine Gesellschaft zusammenhalten können, obgleich deutlich zu sehen ist, dass die sich hier zeigende fortwährende „Wachstumssteigerung" immer neue Krisen auslösen wird. Die vorherrschende Logik von Wachstum und Profit versucht dabei die sozialen und auch die ökologischen Kostendimensionen immer weiter zu verschleiern oder sie den Individuen und deren sozialen Zusammenhängen aufzubürden. Davon ganz besonders betroffen sind Menschen und vor allem Frauen, die meist am unteren Ende der Wertschöpfungsketten unentgeltlich Sorgearbeit verrichten. Die in den Familien, den Paarbeziehungen und in der Nachbarschaft entstehenden sozialen Leistungen werden auch kaum aufgewertet werden. Im Gegenteil, die derzeit zu kompensierenden Verluste und Risiken der Finanzmärkte werden recht bald schon zu einem gewaltigen Sozialabbau führen.

All diese Vorgänge werden in unseren liberalen, repräsentativen Demokratien von einem Großteil des entpolitisierten Bürger- und Bürgerinnentums weitestgehend diskussionslos hingenommen. Diese politische Abstinenz hat massive Auswirkungen auf das Funktionieren unseres politischen Systems, in dem kollektiv verbindliche Entscheidungen längst nicht mehr von demokratischen Verfahren getragen, sondern in „übergeordneten" Vorgängen (zur Rettung der Wirtschaft, des Standorts etc.) zurechtverwaltet werden. Diesen Zustand bezeichnete der englische Soziologe C. Crouch (2008) als „Postdemokratie". Damit beschreibt er eine äußerliche, halbe Demokratie, in der die Bürger und Bürgerinnen öffentliche Angelegenheiten nicht mehr als ihre Sache ansehen, da andere Akteure und Akteurinnen dieses Vakuum ausfüllen. Ein Heer von Experten und Expertinnen, Kommissionen und Beratern und Beraterinnen erledigt dabei die anfallenden Agenden. Internationale Zusammenschlüsse, innerhalb derer es nur begrenzte gemeinsame öffentliche Diskussionen und keine abgesicherten Strukturen zur demokratischen Absicherung von Interessenkonflikten gibt, ergänzen dieses Szenario. In dem sich hier präsentierenden Privatismus, gepaart mit Politikverdrossenheit und Entideologisierung, sind Menschen beinahe ausschließlich nur mehr dann wahrnehmbar, wenn sie als Konsumenten und Konsumentinnen auftreten. Alles, was nicht in das Schema der Gütermärkte passt, bleibt unwichtig und belanglos. Dadurch werden ökonomisierte Beziehungen zwischen Individuen zum vorrangigen Zugehörigkeitsmerkmal im gesamten Sozialleben und diese greifen bis auf die lebensweltlichen Netzwerke durch, denn die Haltung des Konsumismus entscheidet letztlich über die Kriterien der Zugehörigkeit oder der Ausgrenzung (vgl. Bauman 2009, 2010). Nur wer konsumiert, besitzt für die Gesellschaft demnach einen Wert, wer sich dem Konsum entzieht, wird marginalisiert und ausgegrenzt.

Das ist eine der Zwangslagen, in der wir heute stecken. Die Frage wird sein, wie sich ein solidarischer Individualismus entwickeln kann, der genügend Kraft für eine gemeinschaftliche Vorstellung vom guten Leben besitzt und der die Hoffnung auf eine teilnehmende Gestaltbarkeit unserer Welt nicht aufgibt. Dazu müssen Modelle und Möglichkeiten geschaffen werden, innerhalb derer ein weitgespannter sozialer Zusammenhang besteht, der eine immer wieder fragile, aber letztlich doch bejahende und in den greifbaren Lebenswelten abgesicherte solidarische Praxis oder zumindest eine Kooperationsgemeinschaft im Sinne von J. Rawls (vgl. 1999, 2001) ermöglicht. Wenn sich der/die Einzelne nur noch als Gegenüber einer abwehrenden Gesellschaft, als Konkurrent bzw. Konkurrentin der anderen, als Rivale bzw. Rivalin erlebt, dann überwiegen die Strategien des reinen Beutedenkens. Solche Marktstrategien waren bisher schon durchaus üblich, werden aber heute noch durch die sogenannte Globalisierung und die darauf aufbauenden neoliberalen Gesellschaftssysteme verstärkt. Das heutige Wirtschaftswachstum basiert deshalb auch zum großen Teil auf einer Enteignung des Öffentlichen. Das, was uns allen qua Bürger und Bürgerin gehören sollte, die „Global Public Goods" wie die Artenvielfalt, der Genpool, die Atmosphäre oder die Ozonschicht werden immer stärker der kapitalistischen Profitlogik unterworfen. Gemeinressourcen werden beinahe beliebig als privates Eigentum vernutzt, scheinen sie doch grenzenlos zu sein. Gleichzeitig, und das ist die andere Seite dieser Entwicklung, werden auch immer mehr primär öffentliche Aufgaben zunehmend von privaten Unternehmen übernommen (vgl. Bollier 2009). Gerade das neoliberale Denken, das die oben erwähnten globalen öffentlichen Güter einerseits grenzenlos und ohne Bedenken strategisch verbraucht, berechnet andererseits alle (auch die immateriellen) Güter und Dienste gemäß ihrem spezifischen Geldwert und entzieht dem alltäglichen Leben dadurch vielfach den gemeinschaftlich geteilten Boden, der jenseits monetärer Kalküle existiert. Darüber scheinen sich die „big player" des Marktes, aber auch die Individuen mit ihren vielen kleinen alltäglichen Partikularinteressen keine großen Gedanken zu machen.

Ein gewichtiger Grund für diese subjektive, aber auch kollektive grenzenlose Vernutzung von Gemeinressourcen ist deren (zumindest temporäre) individuelle Rationalität. Solange es keinen spürbaren Unterschied macht, ob ich mein Auto heute stehen lasse oder nicht, ob ich zehn Flugreisen in einem Jahr mache oder keine einzige, ob ich mich um meine Nachbarn und Nachbarinnen kümmere oder mich nur auf mein persönliches Fortkommen konzentriere, solange ich nicht tatsächlich unmittelbar an meinem Tun oder Unterlassen merke, welche sozialen, politischen oder auch finanziellen Folgen daran geknüpft sind, bleiben die Konsequenzen meines Handelns einzig an meine persönlichen Moralvorstellungen gebunden. Diese wiederum orientieren sich im Bereich der Allgemeingüter grundlegend an dem bereits erwähnten grenzenlosen Vernutzungsrechtsparadigma von Ressourcen. Was den Umgang mit unseren natürlichen Lebensgrundlagen betrifft, so scheinen sich auch hier die tragfähigen sozialen Grundsätze immer weiter zu entleeren. Dieser Umstand hat schon den Biologen G. Hardin (1970) veranlasst, von der „Tragödie des Allgemeingutes" zu sprechen. In seinem Aufsatz „Tragik der Allmende" beschreibt er, wie die „unweigerliche" Übernutzung eines gemeinsam genutzten Stück Landes dem jeweils individuell rationalen Verhalten entspringt und eine Zerstörung dieses „Niemandslandes" nach sich zieht. Was uns allen gehört, wird demnach restlos geplündert, weil es in kein soziales System oder Normengeflecht eingegliedert ist und dadurch die notwendigen Formen der Kooperation fehlen.

In vielen ökonomischen Modellen, vor allem den mikroökonomischen Untersuchungen der individuellen Entscheidungsfindung, oder auch in den zahlreichen Konzepten der Spieltheorie zeigt sich immer wieder der fatale Hang des Menschen, gerade jene Ressourcen am leichtfertigsten zu zerstören, von denen er fundamental abhängt, deren Fehlen aber erst in einiger zeitlichen Entfernung schmerzhaft werden wird. Bei genauerer Betrachtung dieser Prozesse zeigt sich allerdings, dass dies kein unabänderlicher Zustand ist, sondern dass es darauf ankommt, welche Rahmenbedingungen ein derartiges Handeln bestimmen (vgl. u.a. McCay und Svein 1996, Ostrom 1999). Die Politikwissenschafterin und Wirtschaftsnobelpreisträgerin E. Ostrom stellte diesbezüglich die These auf, dass es beim Erlernen der Reziprozität von sozialen Regeln vor allem um den Zusammenhang zwischen dem Vertrauen, das die Individuen in die anderen haben, dem Aufwand, den die anderen in glaubwürdige Reputationen investieren, und der Wahrscheinlichkeit, dass die Akteure und Akteurinnen Normen reziproken Handelns verwenden, geht (vgl. Ostrom 1999, 2009). Menschen neigen demnach dazu, Gemeingüter zu übernutzen, wenn sie nicht wissen, wer sie umgibt, wenn sie die Menschen, die ebenfalls Anspruch auf etwas konstatieren, nicht kennen. Einheiten aber, die regelmäßig miteinander kommunizieren, können ihre Nutzungsregeln besser aushandeln und verfallen auch nicht dem Motto des „nach mir die Sintflut". Die dabei eingebrachten und in den Prozessen des Aufeinander-Beziehens vernetzten individuellen Wertmaßstäbe sind es, die dabei helfen, den durchaus stets realen Versuchungen des Raffens zu widerstehen. Dazu bedarf es des Vertrauens, dass die eigene Beherrschung auch vom Gegenüber honoriert wird. Evident wird dabei, dass sowohl die Nutzung von Gemeingütern als auch die Entwicklung von Engagement und Zusammengehörigkeit ein fundamentaler sozialer Prozess sind, der weitaus differenziertere Ansprüche an das Individuum stellt, als das bloße Käufer/in-Verkäufer/in-Verhältnis nach dem kapitalistischen Konzept der Gewinnmaximierung um jeden Preis.

Gewissermaßen am anderen Ende der Skala liegt der Phänomenbereich der sozialen und regionalen Einbettung, dessen Wesen und Wert in der Qualität der Prozesse des Mit- und Füreinander besteht. Soziale und regionale Einbettung setzt den Akzent darauf, dass Menschen sich nicht nur im Modus der Konkurrenz und des Wettbewerbs sehen, innerhalb dessen ein Vorteil oder ein Gewinn im Sinne eines Nullsummenspiels gleichzeitig den Misserfolg oder den Verlust für andere bedingt. Der Erfolg ist im Konkurrenzmodus des Warencharakters einzig daran gebunden, dass der Gewinn knapp und hierarchisch im Sinne der Durchsetzungsfähigkeit verteilt wird, also nicht dem/der einen Konkurrenten/Konkurrentin zufallen kann, wenn er dem/der anderen zufällt. Dabei wird der ungleiche Erfolg der Konkurrenten und Konkurrentinnen einmal als eine Folge individueller Einsatzbereitschaft, Anstrengung und Leistung gesehen, während in einem zweiten weitergehenden Modell der Kampf um knappe Güter quasi ein natürliches oder gesellschaftliches Ordnungs- und Selektionskriterium par excellence ist, aus dem es kein Entkommen gibt (vgl. u.a. Hahn 1987, Rammstedt 1976). Beide Sichtweisen sind in ihrer unterschiedlichen Betonung der Handlungsoptionen und Wahlmöglichkeiten innerhalb gesellschaftlicher Prämissen doch sehr auf den reinen Erwerb des umkämpften Gegenstandes, den unmittelbaren Gewinn, den zu erobernden Output fixiert.

Soziale Wertschöpfung strebt eine spezifische Bindungsqualität in der Hervorbringung und Bewahrung einer sozialen Welt an. Der Zielsinn bleibt stets gebunden an eine Sozialdimension, die die Vergesellschaftungsmöglichkeiten für alle Beteiligten erweitert. Jegliches Handeln wird dementsprechend in seinen prozessoralen Netzwerkerscheinungen als Möglichkeit der gesellschaftlich institutionalisierten Wertsteigerung gesehen. Hier tritt auch eine Grundidee unseres politisch-gesellschaftlichen Lebens zutage. Jenseits des „Funktionierens" einer Gütergemeinschaft oder Demokratie durch eine bloße Output-Legitimierung wird die Beziehungs- und die Beteiligungsdimension wesentlich. Gerade diese Beteiligungsmomente und -möglichkeiten formen erst jene sozialen Räume von Bürgern und Bürgerinnen, die nicht nur einem vorgefertigten Ziel dienen, sondern die dieses Ziel auch selbst zum Gegenstand der Auseinandersetzung machen können. Dazu bedarf es einer Sphäre, in der Begegnungen in und zwischen gesellschaftlichen Akteuren und Akteurinnen, den Bürgern und Bürgerinnen, jenseits ökonomischer Bezüge stattfinden können (vgl. u.a. Thiery 1992).

Im Begriff der Bürger- und Bürgerinnenschaft lässt sich diesbezüglich rein etymologisch schon eine interessante Zweiteilung finden. So leitet sich die Bezeichnung für den Bürger (die Bürgerin) im Griechischen (polites) von jener für die politische Gemeinschaft (polis) ab, während das lateinische civitas (Bürgerschaft, Bürgerrecht) gerade umgekehrt von civis (Bürger, Bürgerin) herrührt. Im Griechischen werden die Bürger und Bürgerinnen damit nicht als Privatpersonen gesehen, sondern zugleich als Adressaten und Adressatinnen, als Vermittler und Vermittlerinnen der Zivilgesellschaft, *„in der der Zusammenhang der Gesell-*

schaft nicht durch die hinter dem Rücken der Akteure wirkenden Marktgesetze und auch nicht durch staatliche Zwangsvereinnahmungen hergestellt wird, sondern im Handeln jedes einzelnen intentional präsent sein muss, wenn denn das Gemeinwesen als eine Verbindung von Freien Bestand haben soll" (Münkler 1994, S. 7). Dieser Hinweis, dass sich die politische Gemeinschaft grundlegend auf das Handeln der Bürger und Bürgerinnen stützt, geht in diesem Sinne weit über einen kategorischen, einen zugeschriebenen oder einfach überlieferten, erebten Status hinaus, richtet sich prinzipiell auf einen immer wieder aufs Neue zu erkämpfenden Ertrag gemeinsamen gesellschaftlichen Handelns. Ohne eine derartige Form der sozialen Rückbindung ist in diesem Sinne kein gerechter Interessenausgleich möglich, sind doch gerade die ökonomisch ungebundenen Grundlagen unseres Lebens wichtige Fundamente produktiver und schöpferischer Prozesse (z.B. in der Familie, in Vereinen, Initiativen, NGOs etc.). Genauso, wie es ohne Licht kein Wachstum oder ohne Töne keine Musik geben kann, ist eine Gesellschaft und deren Form des Wirtschaftens, die nicht aus der Fruchtbarkeit der Gemeinressourcen schöpfen kann, im sozialen Sinn unfruchtbar. Soziale und regionale Bezugnahme als Quelle der Wertschöpfung ist aus diesen Gründen weniger ein Substrat als vielmehr die Idee ihrer endlosen Herstellung und Erneuerung und als solche sichtbar gemachte Gesellschaftlichkeit. Weit hinausreichend über den materiellen Ertrag sind ihre Gewinne immer auch die Geschichte einer Bewegung, einer Hinwendung zum „guten Leben", eines Willens zur Gestaltung einer gerechteren Welt, die die Verbindungsmöglichkeiten zwischen dem tatsächlichen und dem gewünschten Leben sichtbar macht.

Wie aber können wir unser Leben im Sinne solcher Commons, von tatsächlichen Gemeingütern, die uns allen nur geliehen sind, zu denen wir alle beitragen und die uns nur in Maßen zur Verfügung stehen, begreifen lernen? Ist eine solche Denkweise nicht zum Scheitern verurteilt, wenn das Paradigma des Marktes jegliche Form des Lebens als Maximierung der Marktposition bestimmt? Die gesellschaftlichen Erzählungen über „The winner takes it all" sind verlockender denn je. Dies ist auch deshalb der Fall, weil sie eine Semantik der Übersichtlichkeit, des linearen Ja oder Nein repräsentieren, während die vielen Formen sozialer Bezugnahmen in der Spätmoderne oft als zu chaotisch und auch zu widersprüchlich erlebt werden. So präsentieren sich die hier wirkenden Ansprüche an das Individuum in einer Vielzahl von Sub-Sinnwelten, die das eigene Leben nur noch schwer konsequent an einer einzigen sozialen Meta-Erzählung ausrichten können (vgl. Lange 2008). Die „Narrative" des Lebens werden dadurch fragiler und führen letztlich zum Verlust der Selbsterzählung und zugleich zur Unmöglichkeit, sich selbst in der Einheit von Erzähler bzw. Erzählerin und erzählter Figur als stabile Person zu erkennen, wie dies der amerikanische Soziologe R. Sennett (vgl. 1998, 2002) seit Jahren beschreibt. Er befürchtet, dass die Globalisierung und die Erosion nationaler Wohlfahrtsstaaten zu einem gefährlichen Paradoxon führen: Bindungslosigkeit bei gleichzeitig wachsender Kontrolle und Gängelung. Bindungslos werden die modernen Arbeiter und Arbeiterinnen, weil sie den Firmen kaum Loyalität entgegenbringen (können), leicht entlassen werden und ohne Kontakt an all den anderen „Unternehmern und Unternehmerinnen der eigenen Person" vorbeileben. Zugleich sind diese Freigesetzten verschärfter Kontrolle ausgesetzt, weil sie stets antizipieren müssen, was der Markt Neues von ihnen verlangen könnte. Sie brauchen dabei gar keine Befehle mehr, erfüllen vielmehr alle Imperative von sich aus, da sie die Kontrollmechanismen des Kapitalismus perfekt internalisiert haben.

So unterliegen die vor Ort spürbaren Effekte immer stärker globalen Trends. Beinahe alle urbanen Räume werden von denselben Kaufhaus- oder Gastronomieketten beherrscht, wobei nicht nur die Waren in den Schaufenstern gleich sind, auch die informationellen Gegebenheiten werden (trotz allzeit verfügbarer Internetpräsenz) von Medienmonopolen dominiert. Desgleichen werden die regionalen Wertschöpfungsketten immer unübersichtlicher, was auch große Auswirkungen auf die soziale Ordnung dieser Prozesse im Zusammenspiel von betrieblichen, räumlichen, sozialen und gesamtgesellschaftlichen Entwicklungen hat (hingewiesen sei hier auf Fördervergaben für Betriebe oder die überregional gesteuerte Betriebsansiedelungspolitik). Alle diese Entwicklungen werden lokal immer schwieriger in ihren Entstehungs- und Beeinflussungskontexten „lesbar". Die Prozesse der Auflösung und Restrukturierung von wirtschaftlichen und sozialen Ordnungen innerhalb der neuen Entwicklungsgänge in Bezug auf die sogenannte Globalisierung bzw. ihre sozialen, kulturellen, wirtschaftlichen und politischen Auswirkungen werden sozialräumlich kaum noch hinterfragbar.

In diesem Sinne ändert sich auch das Lokal-Narrativ in unserer Gesellschaft. Der sich präsentierende umkämpfte soziale Raum ist getragen von ökonomischen, gesellschaftlichen und kulturellen Divergenzen und Konvergenzen sowie dem Verhältnis zwischen kleinräumlichen und globalen Ordnungsprozessen, wobei die klassische Schutzfunktion des Lokalen zur Verhinderung sozialer Erosionskrisen heute permanent abzunehmen droht. Gerade dieser Verfall der großen „Lokalerzählung" im sozialen Gewebe eines Staates ist an vielen Stellen dramatisch. Die unmittelbar erlebbare Umgebung als Sozialisationsagentur scheint immer stärker abgekoppelt von Entwicklungsaufgaben der modernen Gesellschaft und sich in reine Sachzwangrelationen zu entpolitisieren. Wie kann nun solchen Prozessen der Diskontinuität, der Fragmentarisierung und des Zielverlusts jenseits eines rein ökonomischen Ertragmaximierens und des Ausbeutens von sozialen Bezügen widerstanden werden und welche Gegenentwürfe sind möglich, tauglich und zielführend? Bei der Beantwortung dieser Fragen ist es vorerst einmal nützlich, das Verhältnis von öffentlich und privat zu bestimmen.

1.4 Was ist öffentlich? Was ist privat? Das liberale Trennungsdispositiv

Die Trennung von öffentlich und privat, auch das liberale Trennungsdispositiv genannt, ist heute das beherrschende Organisations- und Wahrnehmungsmuster unserer Gesellschaft, das innerhalb zugeschriebener Verantwortlichkeiten die sozialen Beziehungen regelt. Dadurch wird der Zugang zu oder der Ausschluss von bestimmten Ressourcen im Sinne öffentlicher Interessen organisiert. Fußend auf dem Gedankengebäude liberaler politischer Ideen z.b. John Lockes wird dabei eine klare Trennlinie zwischen Öffentlichkeit und Privatheit gezogen. Das „Öffentliche" wird vom Staat, von den Parteien repräsentiert, während die Ehe, die Familie, der Freundeskreis, aber auch der Markt zum „Privaten", zum „staatsfreien Raum, gezählt werden. Diese Trennlinien waren stets umstritten (so gilt aus der klassischen Staatsperspektive der Markt als prinzipiell privat, während er in der Wahrnehmung der Familienökonomie öffentlichen Charakter besitzt). Ebenso negiert diese mechanistische Sphärentrennung historische oder soziökonomische Be- und Entgrenzungsprozesse, denn Menschen können innerhalb dieser Distinktionslinien sehr ungleiche Mittel dafür einsetzen, Öffentlichkeit im Sinne von Forderungen oder Entscheidungen zu erzeugen. Deshalb sind die scheinbar so neutralen Begriffe wie Öffentlichkeit und Privatheit stets als soziale Entwürfe zu verstehen, innerhalb derer die Verwirklichung von Menschenrechten möglich gemacht wird (siehe dazu z.B. die Kommerzialisierung der Altersvorsorge u. dgl.). *„Privatheit sollte als jener Raum gefaßt werden, in dem die Realisierung von Menschenrechten möglich wird, also als gegenhegemoniale Möglichkeit [...]. Das Politisch-Öffentliche ist jener Raum, in dem Macht- und Herrschaftspositionen sichtbar gemacht, als Konflikte zwischen Menschen kommuniziert und verhandelt werden"* (Sauer 2001, S. 7). Dementsprechend haben alle Privatisierungsunternehmungen des Staates zugunsten eines wie auch immer gearteten Marktes fundamentale Auswirkungen auf das Gemeinwohl und auch auf die Vorstellungen davon, wie der individuelle Lebensalltag aktiv zu gestalten ist. Die heute dafür eingesetzten Umformulierungsvokabeln wie der „schlanke Staat", Reformstau u. dgl. bemänteln die fortlaufenden Prozesse der Umgestaltung wohlfahrtsstaatlicher Ausrichtungen in Bezug auf soziale Grundsicherung oder Bildung.

Wie schon ausgeführt, werden vor allem in der Ausdehnung neoliberaler Globalisierungstendenzen die Grenzen zwischen Öffentlichem und Privatem nachdrücklich verschoben. Die von jeder Generation immer wieder neu auszuhandelnden Bezugspunkte der Sorgeteilung zwischen markt- und privatförmig organisierten Ver-Sorgearbeiten verrücken sich zusehends in eine marktvermittelte Dominanz öffentlicher Güter. Hierbei wird auch die Eigen-Verantwortung für die Lebenssicherung noch stärker als bisher individualisiert. Unter dem Diktat, dass der Markt über die Prozesssteuerungen von Konkurrenz und Gewinnlogik effizientere öffentliche Güter herstellen muss, werden bestehende Ungleichheiten jenseits der Prinzipien des Ausgleichs oder Umverteilung verstärkt. In diesem Sinne gilt es zu fragen, wie und zu was sich der bestehende patriarchalisch geprägte Wohlfahrtsstaat verändern lässt und wie sich das bisherige Konzept der öffentlichen Güter umgestalten ließe, um eine den Zeiten angepasste Praxis von Daseinsvorsorge, Gemeinwohlorientierung und gesellschaftlicher Steuerungsfähigkeit zu entwickeln. Interessant sind dabei die internationalen Erfahrungen, *„dass das Konzept ‚öffentliche Güter' einen Beitrag zur Verrechtlichung (neoliberaler) Globalisierung und Ökonomisierung liefert. Auf der anderen Seite ist noch nicht ausgemacht, wie sich der normative Anspruch (der im Englischen im Doppelsinn des Wortes deutlich wird: public goods), mit dem Konzept der öffentlichen Güter ein Gegenkonzept zu Markt und Privatem zu entwickeln, voranzutreiben ließe"* (AG Frauen 2007, S. 6).

Dazu ist zuerst einmal der Begriff der „öffentlichen Güter", wie er in der derzeitigen Diskussion verwendet wird, zu definieren. D. Gottschlich und D. Vinz (2007, S. 10-18) schlagen (unter Verweis auf Kaul 2001) diesbezüglich vor, dass unter wirtschaftlichen Kennzeichen ein Gut dann öffentlich ist, wenn es den drei Kriterien der

- Nicht-Rivalität (hierbei nutzen unendlich viele Personen das Gut, wobei es nicht in seiner Qualität für andere gemindert wird), der
- Nicht-Ausschließlichkeit (niemand wird vom Genuss des Gutes ausgeschlossen) und der
- positiven externen Effekte (da hier stets auch Personengruppen mitgedacht werden, die nicht zu den absichtlichen Produzenten und Produzentinnen, Konsumenten und Konsumentinnen öffentlicher Güter gehören)

entspricht. Ein klassisches Beispiel für solche öffentlichen Güter wäre nach Gottschlich und Vinz (2007) unsere Atemluft.

Zusammenhang von Rivalität und Exklusion/Nicht-Rivalität und Nicht-Exklusion	Ausschließlichkeit (Exklusivität)	Nicht-Ausschließlichkeit („Non-excludability"; Inklusivität)
Rivalität im Konsum	Klassische persönliche Güter (Waren, Geld)	Allgemeinbesitz (res communis – Gemeindeland oder Waldressourcen)
Nicht-Rivalität im Konsum	Privatisierte Bereiche (bevorzugtes Klientel hat Zugang, z. B. Gated Communities.)	Klassische öffentliche Güter (kommunale Straßen, Sicherheit, Meinungsfreiheit, Luft)

Abbildung 1: Zusammenhang von Rivalität und Exklusion (In Anlehnung an: Gottschlich und Vinz 2007, S. 12)

Was in diesem Sinn als ein öffentliches Gut wie hergestellt und zur Verfügung gestellt wird, unterliegt immer wieder gesellschaftlichen und zeitlichen Bedingungen, die auch eine normative Dimension aufweisen. *„Die Bestimmung eines öffentlichen Gutes ist Gegenstand politischer Auseinandersetzung, d. h. es hängt von einem politischen Konsens ab, welche Güter öffentlich bereitgestellt bzw. genutzt werden"* (Gottschlich und Vinz 2007, S. 14). Es geht hier also stets darum, bestimmte Interessenlagen innerhalb unterschiedlicher gesellschaftlicher und ökonomischer Konzepte zu kennzeichnen und mit der Frage um die politische und die lebensweltliche Bestimmung von Elementen der Grundversorgung zu verknüpfen.

Das Verschieben der Koordinaten der profitorientierten und der am Gemeinwohl ausgelegten gesellschaftlichen Reproduktion hin zur Privatisierung öffentlicher Güter wird meist mit dem Druck der leeren öffentlichen Kassen und der gewaltigen Staatsverschuldung argumentiert. Der sogenannte „Rückbau" von wohlfahrtsstaatlichen, umverteilungsrelevanten und grundversorgerischen Elementen zugunsten privatisierter Beteiligungsmöglichkeiten wird als nahezu alternativlos beschrieben. Dabei werden alle jene Elemente der „Verwertung" zugeführt, die finanziell von Vorteil sein können. Diese Vorgänge reichen von der Makroperspektive (z.B. der Organisation der globalen Warenströme und Dienstleistungen) über die Mesoebene menschlichen Zusammenlebens (die Bewertung der Institutionen und Organisationen nach reinen Input-Output-Relationen) bis hin zur Mikrostruktur menschlichen Daseins (im Sinne der reinen Verwertbarkeit von menschlichen Handlungen oder der Patentierung von Pflanzen und Lebewesen) (vgl. Pongratz und Voß 2004, Bollier 2009).

Wenn Gemeingüter Hilfsmittel sein sollen, um sozial verhandelte Bedürfnisse innerhalb allgemeiner Grundrechte zu sichern, bedarf das Gemeineigentum eines spezifischen Schutzes und langfristiger Garantien. Der rein liberale Schutz der Privatsphäre vor dem Staat kann diesem Ansinnen, z.B. um die Grundversorgung mit Trinkwasser oder öffentlicher Bildung sicherzustellen, nicht entsprechen. Nur wenn die gemeinsame Versorgung mit Gemeingütern im Mittelpunkt der Aushandlungsprozesse steht, kann das liberale Trennungsdispositiv im Sinne einer Umkehr der Machtverhältnisse zugunsten der realen Lebensbedingungen, des Lokalen, dessen, was nicht mobil ist oder der Ausbeutung nicht genügend Profit bietet, gewendet werden. Solche Entwicklungsprozesse sind heute allerorts wesentlich, um in den Gestaltungs- und Wahrnehmungsmöglichkeiten traditioneller politischer Bezüge, angefangen bei den Gemeinden, den Kommunen oder auch den Nationalstaaten, genügend Kohäsionskräfte zu erzeugen, damit die erlebbaren Begegnungs- und Ankerpunkte der Menschen in den Peripherien nicht noch stärker ausdünnen. Denn die Mehrheit der Menschen bleibt weiterhin sowohl in bio-physischer wie auch in sozio-kultureller Hinsicht lokal verankert.

Um die sich daraus ergebenden Herausforderungen zu meistern, reicht es nicht, die bestehenden Verteilungs- und Sozialräume an einzelnen Punkten aufzufrischen. Es bedarf ihrer innovativen Weiterentwicklung im Sinne einer Lebenslaufpolitik, die sich auch als Regionalentwicklung begreift, die Impulse dafür setzt, dass sich politikfeldübergreifend die gesamte Lebenswelt auf Bedingungen beziehen kann, die eine selbst- und mitverantwortliche sowie eine hochgradig risiko- und problemfreie Gestaltung des eigenen Lebenslaufs eröffnet. Das große Ziel einer kohärenzzentrierten (Bildungs-)Politik sollte darin bestehen, die zunehmenden Unsicherheiten und Transformationen gesellschaftlicher Bezüge infrastrukturell, finanziell und rechtlich nachhaltig abzusichern.

1.5   Die Ein-Räumung von Bildungschancen

Die Kernfrage, unter welchen Bedingungen und gegen welche Bedrohungen die Möglichkeiten von Bildung heute stark zu machen sind, so sie ihre Zwecke erfüllen und kein Abstraktum, sondern stets ein aktives Gestaltungselement in der je konkreten Welt bleiben soll, ist folglich immer wieder neu zu erörtern. Das, was sich den Individuen als Lebenswelt darstellt, muss in den vorne geschilderten Bezügen diskutiert werden, wobei die derzeit wirkenden gesellschaftlichen Dynamiken zu einer zunehmenden Kluft zwischen globalen und lokalen Realitäten führen. Die Tendenzen sind hier eindeutig: Die Machtverhältnisse verändern sich immer stärker zu Gunsten des Globalen. Das, was in der Produktion, im Kapitalvermehrungsprozess Profit verspricht, scheint nahezu ansatzlos den „liberalisierten" also globalen Strukturen unterworfen zu werden. Was übrig bleibt, sind spezifische, schwer zu vermarktende Dienstleistungen oder Warenkonglomerate. Dies führt dazu, dass sich die globalen und die lokalen Realitäten immer stärker voneinander entfernen. Es herrschen hier Dynamiken, die sowohl demographisch als auch infrastrukturell Gruppen von Menschen, aber auch geographische Gebiete mit beschränkter Ausstattung schaffen. Als Resultat wird das Lokale, d.h. alles, was nicht mobil, flexibel, an die finanzstarken Ballungsräume anschlussfähig ist, vermehrt zur Seite geschoben. Ganze Regionen werden in diesen Prozessen zunehmend auf „natürliche Ressourcen" reduziert, auf rudimentäre Gemeinschaftsstrukturen. Lokale Bezugsrahmen verarmen dadurch, jedoch bleiben die komplexen Prozesse des Aufbaus einer prinzipiell verstehbaren und gestaltbaren Umwelt, die auf einen dynamisch-wechselseitigen Zusammenhang der Elemente „Verstehbarkeit", „Handhabbarkeit" und „Bedeutsamkeit" verweisen (vgl. Antonovsky 1997, Faltermaier 2005), letztlich unumkehrbar auch auf soziale und regionale Parameter gebunden.

In der Entwicklung von Wünschen und Bedürfnissen sind es eben die Möglichkeiten interpersoneller Bezugnahmen, die Beziehungen zwischen Subjekt und Struktur, zwischen Gesellschaft und Raum, die den Horizont von Individuen bestimmen. Das Ziel einer emanzipatorischen Bildungs- und Zivilgesellschaftspolitik muss deshalb stets die Verbesserung der Handlungschancen der Subjekte auch unter einer Stärkung der regionalen Lebensbedingungen sein. Gerade unter globalisierten Bedingungen bleibt dies eine äußerst wichtige gesellschaftspolitische Aufgabe, wie sich gut mit dem Raumansatz des englischen Soziologen A. Giddens (u.a. 1988) zeigen lässt. Für ihn ist die alltägliche Herstellung von Raumaneignungsprozessen durch Individuen zentral. Eine Region ist daher vor allem eine soziale Konstitutionsleistung zu Zwecken der Verankerung. Mit dem Begriffspaar „Verankerung/Entankerung" versucht Giddens die Einbettung bzw. die Entbettung von Individuen in und von sozialen Handlungsbezügen (soziokulturellen Milieus) zu beschreiben. Dabei geht er davon aus, dass diese Prozesse konkret lokalisierbar sind, zumindest dass sie räumliche Konnotationen besitzen. Weisen diese Begriffe bei ihm auch nur vage räumliche Bezüge aus, so sind sie für die Diskussion um räumliche Bezugspunkte von Bildungs- und Lebensentscheidungen dennoch überaus interessant. Alle Formen von Regionalisierungen sind in diesem Sinne subjektive und soziale Antworten auf strukturell determinierte Lebensverhältnisse wie z.B. der Zusammenhang von Bildungsabschluss und Region- bzw. Schichtzugehörigkeit.

Die lokale Bezogenheit, die biographische Grundgestalt und auch die soziostrukturelle Einbindung von Lernprozessen können deshalb keinesfalls nur noch aus der Sicht der flexiblen Individuen gesehen werden, die sich, losgelöst aus zivilgesellschaftlichen oder emanzipatorischen Bezügen, um ihre „Verwaltung" von Kenntnissen, Fertigkeiten und Zeugnissen selber kümmern müssen. Für das Lernen von Individuen ergibt sich dabei eine beinahe paradoxe Situation. Einerseits erwachsen aus dieser sozialstrukturellen Umorganisation eine Fülle an pädagogischen Themen und Aufforderungen, andererseits werden diese in einen Diskurs eingebunden, der sich z.B. kaum mehr mit der Frage der soziobiographischen, der sozialen oder regionalen Ungleichheit und den dahinter liegenden Verwerfungen beschäftigt. Stattdessen wird vor allem ein pädagogisch-technologisches Verständnis präferiert, da Wissen und Kenntnisse ohnehin im Sinne eines World-Wide-Webs überall und für alle zugänglich seien. Die Perspektive sozialer/regionaler Benachteiligungen und dauerhafter Einschränkungen wird hier sowohl auf der personalen als auch auf der strukturellen Ebene zugunsten eines Humanressourcenmodells verworfen. Mittels der hier vorherrschenden „Naturalisierung" sowie der Individualisierung von Bildungsungleichheit wird die Teilhabe am gesellschaftlichen Prozess als marktreguliert gegeben und nicht als sozial konstruiert dargestellt. Somit legt das humankapitalistische Leistungsprinzip die Gewinner bzw. Gewinnerinnen und Verlierer bzw. Verliererinnen in diesem Wettlauf schon recht früh fest. Die Frage der Teilhabe an Bildung ist aber ein besonders wichtiger Bereich der distributiven Gerechtigkeit, weil z.B. berufliche Chancen, die grundlegend an soziales und kulturelles Kapital gekoppelt sind, die sozialräumliche und ökonomische Stellung sowie die Möglichkeit zur gesellschaftlichen Einflusshabe mitbestimmen. Ob Teilhabe gelingt oder scheitert, ist mehrdimensional zu beurteilen, da dazu die bestimmenden Formen gesellschaftlicher Zugehörigkeit und der wichtigsten Spielräume zur Gestaltung von Lebensweisen einzubeziehen sind (vgl. Barz und Tippelt 2004, Egger 2006, Kast und Neuhofer 2007). Die hier wirkenden Ungleichheitsstrukturen sind innerhalb ihrer abgestuften sozialen Lagen zu erfassen. Sie reichen von gesicherten Positionen über unterschiedliche Gefährdungssituationen bis hin zur völligen Ausgrenzung. Teilhabe und Ausgrenzung beschreiben hierbei weniger Zustände als vielmehr Verläufe, die nach ihrer lebensweltlichen Dynamik zu bewerten sind, also nach ihrer Dauer und nach dem jeweiligen biographischen Muster, in das sie sich einfügen. Da Teilhabe, Handlungsspielraum, Verwirklichungschancen oder Ausgrenzung handlungsorientierte Begriffe sind, setzt ihre Rekonstruktion am Handeln gesellschaftlicher Akteure und Akteurinnen und deren subjektiven Erfahrungen an.

Teilhabe lässt sich dabei an den Chancen oder Handlungsspielräumen messen, eine individuell und gesellschaftlich zeitgemäße Lebensweise zu verwirklichen. Gefährdet und heikel ist dies dann, wenn sich die internalisierten sozialen oder regionalen Anforderungen und die tatsächlichen Chancen zu ihrer Realisierung auseinanderentwickeln. Gefährdung schlägt in Ausgrenzung um, wenn Personen dauerhaft von wichtigen gesellschaftlichen Prozessen und Teilhabeformen ausgeschlossen werden.

Teilhabe Nachteile	Vorrangig wirkende Ausgrenzung	Vorrangig beeinflusste Lebenslagendimensionen
Erwerbsarbeit	Geringe/keine Arbeitsplatzwahl	Einkommen, Wohnung, Gesundheit, soziale Netzwerke
Bildung	Kulturelle, soziale Ausdünnung	Brain drain Soziale Netzwerke Soziale Identität
Rechte • Bürgerliche • Politische • Soziale	Institutionelle/politische Marginalisierung	Soziale Verflechtung Politische Partizipation
	Analyseebene	
Problemzonen • Teilhabe • Gefährdung • Ausgrenzung	Bildungszugänge Bildungserreichbarkeit Bildungsnutzen	Armut Marginalisierung Nicht-Kohäsion Selbstwertverlust

Abbildung 2: Teilhaberäume und Lebenslage (Quelle: eigene Darstellung)

Die gegenwärtig dominierenden Rhetoriken der Teilhabe bleiben, wenn es um die konkrete Analyse der Leitfiguren sozialer Ungleichheit geht, meist bei der Betonung des engen Zusammenhangs von Chancengleichheit und Wirtschaftswachstum stehen (wie im Falle der OECD oder auch der Weltbank, vgl. u.a. die Weltentwicklungsberichte 2006, 2007, 2009). Je nach wirtschaftspolitischem Hintergrund wird argumentiert, dass sich die weltweite Armut nur mit mehr sozialer Gerechtigkeit überwinden lässt. Dabei bewegen sich die Standards zur Messung dieser Entwicklungen wie auch die tatsächlich daraus abgeleiteten Maßnahmen größtenteils auf einem sehr äußerlichen und beinahe unverbindlichen Level. So schwer es gelingt, die Allokationsrhetorik mit den konkreten sozialen Ungleichheiten substantiell in Verbindung zu setzen, so leicht scheint es zu sein, Rankings für alle nur erdenklichen weltweiten und lokalen Bildungs- und Sozialparameter herzustellen (so umstritten die zugrunde gelegten Indikatoren und die darauf aufbauenden Schlussfolgerungen auch immer sein mögen).

Ein solches Ranking des deutschen „Think Tanks" berlinpolis über „Soziale Gerechtigkeit in Europa" zeigt beispielsweise, dass das skandinavische Modell der gesellschaftlichen Teilhabe innerhalb der Mitgliedstaaten der EU am erfolgversprechendsten ist (vgl. berlinpolis 2005). Trotz seiner umfassenden Sozialleistungen ist es demnach dem angelsächsischen und dem konservativen Konzept in vielen Gebieten voraus und liegt beständig über dem EU-Schnitt. Das Ranking selbst betrachtet „Soziale Gerechtigkeit" anhand von vier Größen:

- Armut, die die freie Entfaltung des Individuums hemmt.
- Zugang zu Bildung, wobei es als die Aufgabe des Staates angesehen wird, einen möglichst hohen Bildungsstand zu erreichen und den Bürgern und Bürgerinnen die optimale Entwicklung der jeweiligen Fähigkeiten zu ermöglichen. Der Faktor Bildung wird dabei als ausschlaggebend für die Vermeidung von Armut und sozialer Ausgrenzung angesehen.
- Teilhabe an Arbeit, die nicht nur für die Vermeidung von Armut, sondern auch für Wirtschaftswachstum und die Entwicklung von sozialer Anerkennung wesentlich ist.
- Familienpolitik, die die Vereinbarkeit von Familie und Beruf gewährleisten soll.

Solche Rankings drücken aber nur die Grobstruktur gesellschaftlicher Wirklichkeiten aus. Stets ist auch nach den je konkreten Bedingungen, Formen und Lebenswelten zu fragen, um die Realwirkung ebenso erfassen zu können wie die Formalwirkung. Es geht dabei um die Kräfte, die die spezifischen Lebens- und Lernwelten bestimmen. So zeigt sich, dass auch das neutrale Prinzip der Leistung auf allen Ebenen durch hierarchische und soziale Elemente bedingt wird. Die deshalb wirkenden „feinen Unterschiede" (vgl. Bourdieu und Passeron 1971) im Bildungssystem demonstrieren, wie viel Naivität in dem Gedanken steckt, es gebe einen transparenten und gleichberechtigten Zugang zu den wichtigen Platzierungen in der Gesellschaft. Auch Qualifikationsprozesse haben in diesen kulturellen Schemata ihr Fundament, da Wissen und Können sowie die entsprechenden Bildungsabschlüsse Teile des *„kulturellen Kapitals"* sind (Bourdieu 1991). Die Prozesse der sozialen Schließung, d. h., dass bestimmte Kapitalkombinationen wie soziale Beziehungen, Qualifikationen, finanzielle Mittel etc. gefragt sind, stehen als Türwächter an den Pforten der anspruchsvollen Angebote im Bildungs- und Berufssystem.

Die Bildungsexpansion der 1960er Jahre hat hier zu einem paradoxen Resultat geführt. Die Chancen auf Bildung stiegen insgesamt, ohne dass die generelle Bildungsgerechtigkeit hätte gesteigert werden können (vgl. u.a. Friebel 2012a). Alle Sozialschichten profitierten von der Bildungsexpansion, ohne dass sich die Struktur der Ungleichheit zwingend verändert hätte. Die Bildungsreformen der

1970er und 1980er Jahre dagegen brachten ohne Zweifel Bewegung in die Sozialstruktur, wenngleich die Verschiebungen im Bereich der sogenannten „neuen Berufe" (Bildungsberufe, Wissenschaftsberufe, Kulturvermittlungs- und künstlerische Berufe, sozialpflegerische Berufe, medizinisch-soziale Dienstleistungen und sogenannte „freie Berufe") mit einem hohen Anteil an kulturellem Kapital stattgefunden haben. Der soziale Raum hat sich hier unzweifelhaft geöffnet, parallel dazu wurde dieser Öffnungsprozess aber von anderen Mechanismen begleitet (vgl. zu den nachfolgenden Ausführungen vor allem Alheit et al. 1999). Die tatsächlich erfolgreichen Aufsteiger und Aufsteigerinnen der ersten Generation der Bildungsexpansion konnten ihre neu erworbenen Bildungstitel meist effektiv auch in beruflichen Positionen umsetzen, da hier ein großer Pool an Stellen durch die Bildungsreform geschaffen wurde (z.B. Projektarbeiten, Universitätskarrieren, Vereine etc.). Ihr Einmünden in die neuen Positionen war aber nicht selten mit sozialen Irritationserfahrungen verknüpft. An besonders wichtigen Stellen im Establishment merkten sie bald, dass ihr erworbenes kulturelles Kapital, vor allem jedoch das mitgebrachte soziale Kapital, also jene Ressource, die wir gewöhnlich Beziehungen nennen, nicht ausreichte, um die neu gewonnene Stelle tatsächlich auch mit dem notwendigen Renommee auszufüllen. Daneben wurde mit der Ausweitung des Stellenpools und der Verbreiterung der sozialen Zugangsmöglichkeit der Positionswert der neuen Stelle inflationär, wodurch der soziale Aufstieg im Nachhinein wieder ein wenig abgewertet wurde. Noch härter traf und trifft es allerdings die Folgekohorten, die zwar nun den „Titel", aber die dazugehörigen Stellen nicht erreichen können. Sie sind sozusagen die „Öffnungs-Verlierer und Verliererinnen", da der Erwerb und die beinahe gleichzeitige Entwertung des kulturellen Kapitals zusammenfallen. Der Aufstiegsprozess erweist sich hier als propagierte Warteschleife, da sich der soziale Raum gleichzeitig wieder für bestimmte Merkmale (z.B. Alter, Geschlecht, Rasse, regionale Herkunft) schließt. Derart wird die Regulierung des/der Einzelnen in der Gesellschaft zu seiner/ihrer genuinen Selbstmanagementaufgabe, innerhalb derer die individuellen Kräfte das ausgleichen müssen, was die gesellschaftlichen Strukturen nicht mehr zu leisten vermögen. Dieses Abrücken von quasi staatlich hergestellten Verbindungslinien zwischen der Förderung des individuellen Leistungsvermögens und einer spezifischen gesellschaftlichen Allokation bzw. die Hinwendung zu individuellen Lösungen beschränkt die Teilhabeformen bei der Lösung sozial- und gesellschaftlicher Probleme beinahe ausschließlich auf Prozesse des Marktes und der Eigenverantwortung. Ein solcher meritokratischer Steuerungsansatz führt zunehmend zu repressiven staatlichen Ansprüchen an die Funktionalität der Bürger und Bürgerinnen. Die Art und Weise, wie hier Bildungsarbeit konnotiert wird, entpolitisiert auf diese Weise die partizipativ-biographischen Ansätze von

Bildung. Dies geschieht umso stärker vor dem Hintergrund sinkender materieller und finanzieller Ressourcen.

1.6 Bildungsungleichheit und regionale Grenzlinien

Die heute dominanten Appelle zur Steigerung der Bildungsbeteiligung von Individuen gehen meist stillschweigend von der Annahme aus, dass durch Bildung Benachteiligung vermindert bzw. dass diese präventiv gegen Benachteiligung wirksam sein kann. Dabei richtet sich der Fokus vor allem auf Faktoren, die die konkrete Weiterbildungsbeteiligung steigern bzw. die die Gründe für die Nichtteilnahme analysieren und in weiterer Folge beseitigen sollen. Die hier zugrunde gelegte Korrelation zwischen Nicht-Teilnahme an Weiterbildung und Bildungsbenachteiligung, aus der dann wiederum berufliche und auch soziale Benachteiligung erwächst, ist aber so linear nicht aufrechtzuerhalten. Die Entscheidung über die Teilnahme bzw. Nicht-Teilnahme an Weiterbildung hängt von Faktoren auf unterschiedlichen Ebenen ab:

- von der *Mikroebene*: Hierunter werden subjektive und soziodemographische Faktoren subsumiert, die die Lernwege der Subjekte bestimmen. Zu den subjektiven Faktoren gehören das Lerninteresse, das Verwertungsinteresse und die individuellen Werthaltungen und Einstellungen zu Weiterbildung. Sie bilden die Grundlage für die Motivationsstruktur, die letztendlich entscheidend dafür ist, ob und in welcher Form es zur Realisierung einer Weiterbildungsmaßnahme kommt oder nicht. Wesentliche Faktoren, die das Weiterbildungsverhalten beeinflussen, sind Schul- und Berufsbildung, Erwerbstätigkeit, berufliche Stellung, soziale Herkunft, Geschlecht, Alter und Nationalität. Dabei zeigen sich einige generelle Trends: Je höher die Schulbildung, desto höher ist auch die Weiterbildungsbeteiligung und diese steigt wiederum mit zunehmender beruflicher Qualifikation. Die Schulbildung kanalisiert diesbezüglich den Weg der beruflichen Ausbildung und den beruflichen wie auch den sozialen Status, auch wenn seit den Bildungsreformen der 1970er Jahre das Bildungssystem, wie oben erwähnt, durchlässiger geworden ist. Desgleichen verstärkt eine spezifische Erwerbstätigkeit das Interesse an Weiterbildung.
- von der *Mesoebene*: Hier spielen die finanziellen und inhaltlichen Rahmenbedingungen der Lernangebote, der Bildungseinrichtungen, der Förderprogramme und Projekte sowie der Supportstrukturen eine große Rolle.

- von der *Makroebene*. Hierunter fallen die Struktur des Bildungssystems als solches, die gesetzlichen Grundlagen der Weiterbildung sowie die gesamtgesellschaftliche Struktur.

Das Zusammenwirken der einzelnen subjektiven und sozialen Faktoren für (Weiter-)Bildungsabstinenz und soziale Benachteiligung ist in biographischer Hinsicht in den letzten Jahren gut erforscht worden (vgl. u.a. Böttcher und Klemm 2000, Egger 2006, Friebel 2008, Hof 2009). Dabei ist nicht nur die Korrelation von Erstausbildung und Teilnahme an Weiterbildung untersucht worden, sondern es wurde den generellen Ausgangsbedingungen innerhalb der Lebens- und Bildungswege von Individuen nachgegangen, um zu sehen, wie sich Benachteiligungen im Lebensverlauf bemerkbar machen. Es zeigte sich ein recht komplexes Bild, das sowohl von strukturellen als auch von sozialen und subjektiven Faktoren geprägt ist.

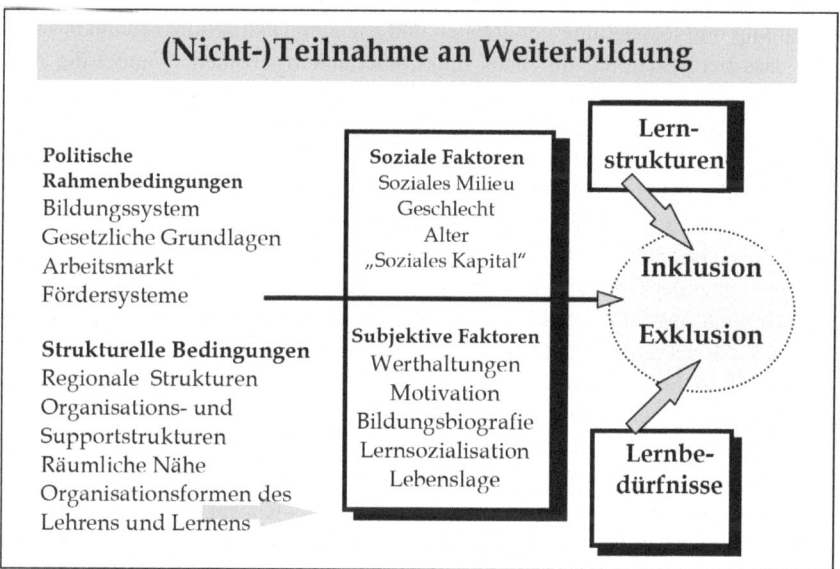

Abbildung 3: (Nicht-)Teilnahme an Weiterbildung (Quelle: eigene Darstellung)

Wenn es um die Platzierung von Individuen und Gruppen im sozialen Raum geht, können mit dem Milieubegriff jene Verortungsmechanismen gezeigt werden, innerhalb derer sich Lebensräume und Lebenswege von Gesellschaftsmitgliedern räumlich und sozial voneinander abgrenzen. Durch Mietpreise oder auch durch das soziale Arrangement der Infrastruktur sind die Lebenskreise der sozialen Gruppen heute zwar nicht mehr hermetisch, aber doch noch immer klar voneinander abgegrenzt und reproduzieren dadurch räumlich soziale Lagen: „*Eine soziale Klasse ist definiert weder durch ein Merkmal (nicht einmal das am stärksten determinierende wie Umfang und Struktur des Kapitals) noch eine Summe von Merkmalen (Geschlecht, Alter, soziale und ethnische Herkunft, Einkommen, Ausbildungsniveau etc.), noch auch durch eine Kette von Merkmalen, welche von einem Hauptmerkmal (der Stellung innerhalb der Produktionsverhältnisse) kausal abgeleitet sind. Eine soziale Klasse ist vielmehr definiert durch die Struktur der Beziehungen zwischen allen relevanten Merkmalen, die jeder derselben wie den Wirkungen, welche sie auf die Praxisformen ausüben, ihren spezifischen Wert verleiht*" (Bourdieu 1987, S. 182).

In diesem Sinne sind auch lokale Entitäten, bestimmte Wohngegenden, Gaststätten oder Urlaubsregionen innerhalb der Struktur deren Wahrnehmung bestimmten sozialen Gruppen und Milieus zugeordnet. In der konkreten Zuschreibung und Herstellung von lokalen und sozialen Distinktionsgewinnen zeigt sich, dass bei prinzipiell durchaus funktionierendem sozialem Wandel die Abstände zwischen den Milieus relativ stabil bleiben (vgl. u.a. Vester 1998, Alheit et al. 2003, Strohmeier 2003, Baethge und Bartelheimer 2005, Egger et al. 2008, Friebel 2008). In der Zunahme individueller Lebensformen, die sich in der oft vermeintlichen Steigerung von zieloffenen Wahlmöglichkeiten präsentieren, werden auch in einer gesamtwirtschaftlich gesehen reichen Gesellschaft die sozial und ethnisch begründeten Unterschiede in der Lebenspositionierung und den sich daraus ergebenden Teilhabechancen nicht abgebaut. Im Gegenteil, sie verschärfen sich noch, indem die Schere zwischen ökonomischer und sozialer Entwicklung auseinandergeht (vgl. Baetghe und Bartelheimer 2005, Egger 2006).

Alle diese Segregationsprozesse werden noch einmal unter sozial-regionalen Gesichtspunkten schlagend. Für die Bildungsentwicklung war der Stadt-Land-Unterschied geschichtlich schon immer überaus relevant. Meist waren die Städte hierbei Schaltstellen der sogenannten gebildeteren Schichten, die wiederum vermehrt Modernisierungsprozesse antrieben. Ist dies heute zwar nicht mehr im klassischen Sinne des mittelalterlichen Mottos „Stadtluft macht frei" der Fall, so sind weiterhin die regionalen Bildungschancen immer noch sehr ungleich verteilt, wie Daten aus den letzten Volkszählungen zeigen. Demzufolge liegen in Wien die Übertrittsquoten von der Volksschule in die AHS-Unterstufe je nach politischem Bezirk zwischen 1% (Hermagor) und über 70% (in den Wiener Bezirken Hietzing, Innere Stadt und Josefstadt) (vgl. Mörth 2005, Weiß 2011).

Der räumliche Wohnstandort ist neben Einkommen und sozialer Herkunft der Eltern bzw. persönlicher Begabung einer der drei wesentlichen Faktoren für die tatsächlich zu realisierenden Bildungschancen (vgl. Egger 2006). Städtische Ballungsräume bzw. ihre sie umgebenden Einzugsgebiete besitzen deshalb aus regionalsoziologischer Sicht noch immer eine überaus starke bildungsbürgerliche Semantik und in der Regel auch bessere verstärkte Bildungschancen. Ist unzweifelhaft eine Verringerung regionaler Disparitäten z.b. beim Erwerb der Matura oder des Hochschulabschlusses gegeben, so sind die konventionellen Bildungsunterschiede zwischen Regionen noch fortwirkend und verstärken sich im Bereich der Erwachsenenbildung. Biographische Passungsbemühungen von Individuen, sich mittels Bildung einen sozialen Ort in der Gesellschaft zu „erobern", sind stets eingebettet in einen sozialen und physischen Raum, der die Prozesse der Ermöglichung oder der Benachteiligung im Sinne vorherrschender gesellschaftlicher Segregationsmodi rahmt. Der konkrete physische Ort wirkt dabei derart, dass Menschen in ressourcenarmen Gebieten strukturell benachteiligt werden. Diese „Gebietseffekte" (vgl. Friedrichs 1995, Strohmeier 2003, Müller-Hartmann 2000, Mörth 2005, Friebel 2008) verschärfen bestehende Ungleichheiten. Bildungsprozesse sind eben nie nur individuelle Akte, sondern stets auch Herstellungskontexte sozialer Bindung (vgl. Friebel 2012a). *„Bildung hat eine soziale Integrationsfunktion. Soziale Interaktionen und Beziehungen können gleichermaßen Ursache und Folge der Bildungsbeteiligung sein. Bildung ist eingebunden in einen sozialräumlichen Prozess: Hier sind die Orte des institutionellen (Schule etc.) und des informellen (Straße etc.) Lernens. Der Sozialraum als Lern-, Erfahrungs- und Aneignungsraum markiert die Chancen und Risiken der Gleichzeitigkeit von Vielfalt und Ungleichheit"* (Friebel 2012b, S. 9).

1.7 Das Verhältnis von Raum- und Bildungsprofiten

Der je konkret erlebbare Sozialraum stellt für Lernprozesse einen noch immer wesentlichen Rahmen für individuelle Bildungsbiographien her, innerhalb dessen spezifische Bildungsgeschichten ihre Bedeutung erlangen. Hierin werden aber auch all jene Mechanismen der Ungleichheit und Differenz reproduziert, die das Gesellschaftssystem im Ganzen repräsentiert. Konkret bedeutet dies für die lokalen Bildungseinrichtungen, dass sie hier vor allem an klassischen Motiven und Problemlagen der Mittelschichtmilieus orientiert sind, deren soziale und biographische Vorerfahrungen als Vorlagen für Bildungsinhalte und -modi dienen. Diese widersprüchlichen Programmatiken des Lebenslangen Lernens (hier der Appell an die permanente Lernbereitschaft der Individuen und dort die institutionalisierten Legitimationsansprüche der Mittelschicht, hier die Aufforderung zur Berücksichtigung der sozial-regional-kulturellen Differenzen und dort die Ausrichtung von Bildungsprozessen auf eliteförmige, sozial und regional selektive Verwertungsaspekte) haben auch Auswirkungen auf die Orte des Lernens, denn diese geben substantiell Auskunft über das Wechselspiel der gesellschaftlichen Strukturen und der Formung von subjektiven Aneignungsprozessen. Lernorte können diesbezüglich als kollektive Formationsprozesse gesehen werden, die explizit Erfahrungszusammenhänge gestalten. Dabei zeigt sich in den Bildungsinstitutionen die beunruhigende Tendenz, dass gerade diese zwischen Distanz und Nähe ausbalancierten erlebbaren Einheiten immer stärker der betriebswirtschaftlichen Rationalisierung zum Opfer fallen. Bildungsinstitutionen, die vor allem in der allgemeinen Erwachsenenbildung stets auch als gesellschaftliche Zwischenwelten begreifbar sind, entfernen sich immer weiter von ihren Aufgaben der Förderung der Kommunikation und Reflexion. Was an deren Stelle rückt, sind vermehrt Stätten der warenförmigen Zurichtung von Wissen, innerhalb derer individualistische Perspektiven mainstreamartig auf die Verhandlungsspielräume der Ökonomie ausgerichtet werden. Lernhandlungen werden dadurch zunehmend aus sozialen Beziehungen und lebensweltlich abgesicherten Interaktionszusammenhängen herausgehoben. Demzufolge werden Bildungsräume zunehmend von einem Modus der vagierenden Bewegung, der permanenten Flexibilitätsanpassung angetrieben, wie sie der theologisch inspirierte Anthropologe Marc Augé in seinem Buch „Orte und Nicht-Orte" beschreibt: *„Der Raum des Nicht-Ortes schafft keine besondere Identität und keine besondere Relation, sondern Einsamkeit und Ähnlichkeit"* (Augé 1994, S. 121). Nicht-Orte par excellence sind Shopping-Malls, Flughäfen und Bahnhöfe, durchquerte, benutzte Räume, in denen man weder Halt noch Bindung findet, die aller Aura beraubt, auf ein beinahe leeres Funktionieren, den bloßen Gebrauch reduziert sind.

Diese Ideen von Lernwelten, die einem ökonomisch-technologischen Paradigma entsprechen, „entbetten" das Lernen aus seinen historisch gewachsenen, interaktiv und biographisch hergestellten Lebenswelten. Die Frage, was Menschen brauchen, damit sie sozial und individuell jene Fertigkeiten ausbilden und vervollkommnen können, die in einer demokratischen und menschenfreundlichen Gesellschaft notwendig sind, verschwinden dabei beinahe gänzlich im Machbarkeits- und Steuerungsdiktat didaktisch angeleiteter Lernprozesse. Der unablässige Perfektions- und Anpassungsdrang verdrängt dabei den Eigensinn, die Suchbewegung, die Bereitschaft, Fehler zu machen, und auch den Kooperationssinn. Die Frage, ob dies dann allerdings etwas mit Bildung als Subjekt- und Orientierungsleistung zu tun hat, kann weitgehend verneint werden.

Wenn es in der Bildungsdiskussion um den selbstreflexiven Umgang mit den Möglichkeiten und Grenzen des Erkennens in der je konkreten Umgebung geht, dann ist, den neoliberalen Trends trotzend, verstärkt danach zu fragen, welche Formen der Aneignung von Welt hier vorherrschen und welche Perspektiven und lebensnahen Reflexions- und Kommunikationsräume den Lernenden zugänglich gemacht werden können. Genauso wie Plätze nicht nur Symbole politischer Ansprüche sind, sondern es auch praktisch ermöglichen oder verhindern, dass sich zivile Lebensformen vertiefen, dass sich das Nebeneinander in ein Miteinander verwandelt, so werden durch die Räume zwischen Plätzen soziale Beziehungen zumindest präformiert. In sogenannten Randzonen, Peripherien, wo es unter Umständen Stunden dauert, bis z.B. die nächste Bildungsstätte erreicht werden kann, werden dem Tagesablauf genau diese Stunden entzogen, um Sozialkontakte zu pflegen, Freizeitbeschäftigungen nachzugehen oder sich auszuspannen. Abseits der finanziellen Kosten entstehen dabei auch Belastungen, die soziale Beziehungen oder persönliche Aktivitäten einschränken. Die regionale Bildungsinfrastruktur beeinflusst in diesem Sinne sowohl die Bildungschancen als auch die unmittelbaren Lebensinteressen.

Vor allem die sozialökologischen Ansätze zeigen, dass auch heute, nach der Bildungsexpansion der letzten Jahrzehnte, weiterhin ein durchaus beachtliches Zusammenspiel von strukturellen und individuellen Bedingungen im Bildungszugang existiert (vgl. u.a Müller-Hartmann 2000, Ditton 2004). Wenn es um den regionalen Bezug von sozialem Handeln in Verbindung mit der sozialen Herkunft geht, dann sind regionale Strukturen wie ein Handlungsrahmen zu verstehen, der Entscheidungsmöglichkeiten stark beeinflusst. Sowohl die antizipierten als auch die tatsächlichen Bildungs- und Berufsaspirationen werden abhängig von der Grundausbildung der Eltern innerhalb eines räumlichen Bezugsrahmens wahrgenommen.

Kleinräumlich lassen sich hier durchaus beachtliche Unterschiede feststellen, wie J. Bartels (1975) anhand des Schulangebotes in Hamburger Stadtbezirken gezeigt hatte. In vorwiegend von Arbeitern und Arbeiterinnen bewohnten Stadtteilen fanden sich weitaus weniger Angebote an Gymnasien vor als in Stadtteilen der Mittel- und Oberschicht. Etliche der damals durchgeführten Studien belegen eindeutig, dass mit Zunahme der sozialen Herkunft der Kinder auch die Verfügbarkeit an weiterführenden Bildungseinrichtungen steigt, was als eine „sozialökologische Einbettung" von Bildungsaspirationen (vgl. Weishaupt 2009, S. 224) bezeichnet wird. So konnte beispielsweise auch gezeigt werden, dass der Wunsch zu studieren, bei Schülern und Schülerinnen in Regionen aus den Bereichen „großstädtisch-bildungsfreundlich" deutlich höher ist als in anderen Milieus (Eirmbter 1977, S. 302).

In Kulturräumen spielen bei Entscheidungsprozessen akkumulierte Erfahrungsbasen in der Lebens- und Lerngeschichte der Individuen eine Rolle, die wiederum unweigerlich mit sozialen Positionen (schichtspezifischen Aspirationen und Interessen, aber auch regionalen Möglichkeiten verknüpft sind (vgl. u.a.

Bourdieu 1991). Soziostrukturelle und regionale Kontexte, z.B. die Bildungs-, Wirtschafts- und Erwerbsstruktur, die Haushalts- und Altersstruktur der darin lebenden Bevölkerung, sind hierbei immer wesentliche Faktoren in der (Re-)Produktion sozialer Ordnungs- und Beziehungsformen. Für das Bildungsverhalten gehen deshalb Beeinflussungslinien sowohl vom regionalen Bildungsangebot aus als auch von der sozialstrukturellen und kulturellen Zusammensetzung der Bevölkerung. Die dadurch sich verdichtenden Effekte ergeben letztlich homogene soziale Kontexte, die allein durch den Ausbau der Bildungsinfrastruktur nicht behoben werden können.

M. Löw (2001) zeigt mit einem Szenario eines relationalen Raumes, dass erst durch die Beziehung zweier Körper zueinander so etwas wie Raum konstituiert wird und dass erst eine Wechselwirkung zwischen Raum und sozialem Handeln die Bedeutung dieser Kategorie erahnen lässt. Sie erklärt Raum als *„eine relationale (An)Ordnung sozialer Güter und Menschen (Lebewesen) an Orten"* (Löw 2001, S. 224). Diese Wechselseitigkeit von Raum und menschlichem Handeln, von Raum an sich und dessen Konstruktionsleistung im Handeln, wird in Prozessen des Spacings, des Platzierens von sozialen Gütern und Menschen, und der Syntheseleistung, der Herstellung von Beziehungen derselben zur eigenen Erfahrungswelt über Wahrnehmungs-, Vorstellungs- oder Erinnerungsprozesse (vgl. ebd., S. 158f.) sichtbar. Der Raum wird dementsprechend immer von Menschen vor dem Hintergrund ihrer Erfahrungswelt organisiert und hängt, ähnlich wie Bourdieu dies ausführt, von gesellschaftlichen Strukturen, von sozialer Herkunft und Lebenslage ab.

Diesbezüglich ist die regionale Bildungsinfrastruktur als relationale Anordnung von Lernenden zu Lehrenden und Lernorganisationen zu beschreiben. Bildungsaspirationen entstehen aus der Syntheseleistung von individuellen Wahrnehmungen, Vorstellungen und Erinnerungen. Räumliche Strukturen setzen in diesem Sinne auf institutionalisierte habituelle Handlungsmuster auf und verstärken diese noch, indem sie die hier angelegten Dispositionen im sozialen und lokalen Raum über die Ressourcen verorten. Je nach den konkreten Möglichkeiten in einem lokalen Umfeld werden die tatsächlichen Aneignungsprozesse wirksam und zu dauerhaften Bezugspunkten. Gleich wie das institutionalisierte kulturelle Kapital fest mit dem Subjekt verbunden und unübertragbar ist, bleiben auch in hoch mobilen Gesellschaften die effektiven Beziehungen und Distanzen zwischen den sozialen und örtlichen Positionen bestimmend. Diese auch voneinander divergierenden Lebensführungen bzw. Lebensstile bedingen Vorstellungen der Aneignung im physischen Raum. Bourdieu betont deshalb, dass Subjekte beharrlich örtlich gebunden bleiben und sich der geographische Raum als Maßstab dafür sehen lässt, wie die Stellung im sozialen Raum aussieht (vgl. Bourdieu

1991). Begehrte Räume, gute Stadtlagen oder auch sozial segregierte Wohnorte lukrieren „Raumprofite" (Bourdieu 1991, S. 31), die sowohl zur Erhöhung des symbolischen Kapitals als auch zur konkreten Lebensqualitäts- und Lebenschancensteigerung beitragen. Solche Gewinne sind in den unterschiedlichsten sozialen Netzwerken spürbar und hängen stark von den sie umgebenden Sozialformen ab. Dabei sind nicht nur die konkreten Zentrallagen wesentlich, sondern jede Region erzeugt in gewissem Maße auch relationale Situationsrenditen, die sich aus örtlichen Verbundenheiten ergeben. Auch in Gegenden, wo große Abwanderungsbewegungen zu verzeichnen sind, bleiben die begehrten Wohnorte bis zu einem spezifischen Punkt des Verlusts der „kritischen Masse" durch Aneignungs- und Raumbelegungsprofite sowie durch die sich daraus ergebenden Positions- und Rangprofite sozial distinktiv. Dabei geht es um Nutzen und Gewinne, die sich durch den je spezifisch räumlichen Abstand oder die Nähe zu wünschenswerten bzw. unwillkommenen Personen oder Situationen ergeben. Bourdieu zeigt dies z.B. am Verhalten von Menschen am Wohnungsmarkt, wo sich, je nach finanziellem Kapital, die Wahlmöglichkeiten in Bezug auf die konkrete Erreichbarkeit etwa zu höher gerankten Bildungs-, Gesundheits- oder Kultureinrichtungen vergrößern. Dies betrifft auch infrastrukturelle Bezüge und vom Sozialstatus aus gesehen homogenisierte Nachbarschaften. Eine förderliche Positionierung im Raum führt neben diesen Distinktionsgewinnen durch Positions- oder Rangvorteile auch zu einer besseren strukturellen Einbindung in die wichtigen Prozess- und Entscheidungsstrukturen von Lebenswelten. Eine „gute Adresse" verbessert in der Regel die Chancen von Inklusionsmöglichkeiten in die Gesellschaft und damit viele Bereiche der Lebenschancen. Darüber korrelieren diese Effekte deutlich mit der Verfügbarkeit an physischem Raum, denn die hier anzutreffenden Wohnverhältnisse sind meist deutlich höherwertiger und erlauben wiederum einen distinktiveren Lebensstil als bescheidene Wohnverhältnisse. Solche Raumprofite fußen auf der prinzipiellen Verfügungsgewalt von Kapitalien, die mit der Platzierung im sozialen Raum in Wechselbeziehung stehen. Dementsprechend haben Personen mit einer guten soziokulturellen und sozial-räumlichen Stellung günstigere Chancen, sich durch Kapitalumwandlungsprozesse auch den konkreten physischen Raum und die in ihm distribuierten Güter und Dienstleistungen anzueignen. In Orten mit geringer Wertschätzung, mit ausgedünnten Raumprofiten, nimmt generell auch das symbolische Kapital innerhalb der Gesellschaft ab. Der Kauf eines Hauses in einer regionalen Abwanderungsgegend erzeugt demgemäß kaum jene Effekte der erfolgversprechenden sozial-strukturellen Ressourcenzugewinne.

Drückt sich nun die Stellung einer Person im sozialen Raum auch im physischen Raum aus, so bestimmt in wechselseitiger Beziehung die je konkrete räumliche Umgebung die soziale Verortung: *„Ob man sich beispielsweise in der Ver-*

gangenheit in engen oder weitläufigen Räumen aufgehalten hat, ‚auf' dem Dorf, in den Randbezirken oder im Zentrum einer Stadt groß geworden ist, in begehrten oder weniger begehrten Wohngebieten gewohnt hat – all dies hinterlässt bis in die Körperhaltung hinein entsprechende Spuren und verdichtet sich zu einem Habitus, der in der Gegenwart wiederum Auswirkungen darauf hat, wie die räumliche Umwelt wahrgenommen und gestaltet wird" (Schroer 2006, S. 111). Interessant dabei ist, wie dieser Wechselbezug zwischen dem sozialstrukturellen Bevölkerungsprofil und der strukturellen Ausstattung von Regionen zusammenhängt (vgl. u.a. Wagner 1990). Gerade Gebiete mit geringer infrastruktureller und soziokultureller Ausstrahlung verengen für die Akteure und Akteurinnen die möglichen Raumprofite in Bezug auf berufliches oder allgemeines soziales Handeln. Dadurch wird auch der Aufwand für den Ressourceneinsatz größer, was wiederum Konsequenzen für die räumliche Gebundenheit und den Einfluss von Lokalität auf das konkrete Handeln hat. Gerade wenn der Zugang zu beruflichen und sozialen Kontexten erschwert wird, werden auch alle Formen der Kapitalumwandlung abhängiger von den regionalen Kontexten. Der lokale Raum wird dadurch zu einem Hindernis, zu einem starren und bindenden Handlungsrahmen, der nur durch einen erweiterten persönlichen oder finanziellen Ressourceneinsatz zu einem adäquaten Lebensstil führt. Dabei zeigt sich, dass die Beherrschbarkeit von räumlichen Distanzen und Disparitäten entscheidend vom Bildungsniveau und der beruflichen Stellung abhängt. Diese wird auch in der vorstellbaren Überwindung von räumlichen Distanzen deutlich sichtbar. Der Handlungsradius, innerhalb dessen z.B. Weiterbildungsbemühungen als akzeptabel erscheinen, liegt z.B. bei Niedrigqualifizierten um die 13 Kilometer, bei Höherqualifizierten im Schnitt bei 108 Kilometer (vgl. Mörth 2005). Desgleichen ist auch das soziale Netzwerk bei Höherqualifizierten in entsprechenden beruflichen Stellungen eindeutig ausgedehnter. Ökonomisches, kulturelles und soziales Kapital haben einen großen Einfluss auf den Bezug von Personen in ihrer räumlichen Umgebung, indem sie die örtliche Ressourcenausstattung durch die Erweiterung der Handlungs- und Zugriffsspielräume ausdehnen. Der regionale Kontext wird umso stärker spürbar, je weniger Kapital zur Verfügung steht. Hier sind die Bewältigungsstrategien viel stärker auf mögliche Synchronisationsmöglichkeiten angewiesen, denn der *„Mangel an Kapital verstärkt die Erfahrung der Begrenztheit: er kettet an einen Ort"* (Bourdieu 1997, S. 121). Gerade aber jene Personen, die mangels einer guten Kapitalausstattung einen geringen Handlungsrahmen für sich sehen, und die oft glauben, an regionale Strukturen gebunden zu sein, werden durch eine schlechte regionale Berufs- und Bildungsausstattung doppelt benachteiligt. Sie fühlen sich nicht in der Lage, gegebene und regional segregierte Restriktionen oder Optionen in Bezug auf Bildungs- und Berufsalternativen offensiv wahrzunehmen, da einerseits die motivierenden und konkret auffordernden Beteiligungskontexte fehlen, andererseits die Routinen im alltäglichen Handeln wenig innovative Handlungsalternativen bieten. Diese schichtspezifische Betrachtung des regionalen Kontextes bezieht sich einmal auf die in Frage kommenden Schulen oder Bildungsmöglichkeiten, in weiterer Folge auch auf die Erträge derselben. Es ist ein Unterschied, wie jemand auf regionale Arbeitsmarktstrukturen reagiert. Wird der einzige Handlungsrahmen durch die herkunftsspezifische Berücksichtigung bekannter Angebote abgesteckt oder ist z.b. der nationale oder gar der internationale Arbeitsmarkt das vorstellbare Bezugsfeld? Die hier wirkenden Verhältnisparameter von Raum und Kapital sind ein wesentlicher Baustein sozial-regionaler Bildungsungleichheiten. Regionale infrastrukturelle Kontexte verhindern vor allem für Menschen mit einer eher geringen Kapitalausstattung massiv die Bildungsentscheidungen. Dabei verstärken sich die negativen Effekte von sozialer und regionaler Herkunft noch. Aussichtsreiche regionale Strukturen wirken sich für diese Gruppen indessen positiv auf die Bildungschancen aus, während Menschen mit hoher Kapitalausstattung nur relativ schwach von regionalen Strukturen beeinflusst werden.

Um die bestehende Benachteiligung in Bezug auf Bildungs- und Berufschancen von Menschen mit niedriger Kapitalausstattung zu verringern, ist es folglich notwendig, die Opportunitätsstrukturen in einer Region zu reduzieren. So zeigt sich in einer österreichweiten Studie die enorme Bedeutung der Bildungsschicht der Eltern für die Schulwahl ihrer Söhne: „*selbst aus den kleinsten Wohnorten mit der größten Agrarquote besuchen 62,5 Prozent der Söhne nach der Volksschule ein Gymnasium, wenn die Eltern ein Universitätsstudium abgeschlossen haben, und steigern diesen Anteil auf 84,4 Prozent, wenn sie in Wien wohnen, d. h., dass der Zugewinn durch den Wohnort 21,9 Prozentpunkte beträgt. Eltern mit Matura können bei steigender Wohnortgröße die größten Anteilszuwächse für die Übertritte ihrer Söhne in das Gymnasium erzielen und somit aus der wachsenden Wohnortgröße für die Übertritte am meisten profitieren. [...] Der größte Effekt der Bildungsschicht der Eltern auf den Besuch ihrer Söhne besteht in Wohnorten zwischen 20000 und 500000 Einwohnern mit einer Prozentsatzdifferenz von 68,7 Prozentpunkten zwischen den Eltern, die eine Universität bzw. Fachhochschule abgeschlossen haben, zu jenen, die keine über die Pflichtschule hinausgehende Schulbildung besitzen. Der Kontext des Wohnortes bewirkt also bei gleicher Schulbildung unterschiedliches Schulwahlverhalten der Eltern für ihre Kinder*" (Kast 2006, S. 248f.).

1.8 Der dritte Sozialraum: Konsequenzen des regionalen, demographischen und technologischen Wandels

Ein weiterer Grund, die Untersuchung regionaler Bezüge in unseren komplexen Gesellschaftsarrangements zu forcieren, liegt in den sich fundamental verändernden sozialen Netzwerken und den Generationenbeziehungen. Nachbarschaftliche und familiäre Netzwerke haben ihre Funktionen in der Freizeit, in der Absicherung unserer Lebensinteressen, aber auch im sogenannten Care-Bereich innerhalb der letzten Generation drastisch gewandelt. Dies gilt sowohl für die lokalen Bezugspunkte der Befriedigung von basalen Bedürfnissen (wie Erholung, Kommunikation oder kollektive Selbstvergewisserungsprozesse) als auch z.B. für Kinderbetreuungsszenarien oder für den Umgang mit Alternsprozessen. Zentrale Bedingungen, die bislang vermeintlich unhinterfragt gegolten haben, wie der nachbarschaftliche und der familiäre Sozialraum und die daraus resultierenden Erwartungen an das Sozial- und Familiensystem, sind kleinräumigen Aushandlungsprozessen und auch Überforderungsrisiken gewichen. Das u.a. deshalb, weil sowohl Nachbarschaften als auch Familien immer stärker aus oft disparaten Gemeinschafts- bzw. Familiensequenzen und Formen des Zusammenlebens bestehen. Auch die Forderungen der öffentlichen Kompensation der schwindenden nachbarschaftlichen und innerfamilialen Aufgaben durch die Kommunen oder den Markt sind in den letzten Jahren durch die Ausdünnung kommunaler Finanzmittel häufig nicht mehr einzulösen.

Folglich wäre es wesentlich, den „dritten Sozialraum", der im Modell der aktiven Nachbarschaft sein Vorbild hat (vgl. Alheit et al. 2010, Alheit 2010) massiv zu fördern. Gerade durch die regional fundierte Erweiterung individueller und gemeinsamer Handlungsspielräume würden sich vielfältige Möglichkeiten bieten, nicht nur Selbsthilfepotentiale zu aktivieren, sondern auch nachbarschaftliche Ressourcen zur Erhöhung der Identifikation des Verantwortungsgefühls zu entwickeln. Durch (erfolgreiches) Handeln vor Ort könnte in Zeiten global dominierter Verwertungs- und Steuerungsinteressen Mechanismen des Ausgeliefertseins, der Resignation oder der Ohnmacht aktiv entgegengearbeitet werden. Personen könnten den Gewinn erleben, *„neben dem Raum des Privaten und neben dem des Öffentlichen den nachbarschaftlichen Sozialraum [wieder zu entdecken], der geschaffen ist für die Bereitschaft eines über-familiären, aber doch begrenzbaren und überschaubaren Helfens"* (Dörner 2003, S. 5). Die Initiierung solcher Aktivitäten muss aber davon ausgehen, dass sich der wahrgenommene Sozialraum stark verkleinert hat und sich vor allem auf die eigenen vier Wände und die unmittelbare Nachbarschaft, den Nahbereich der eigenen Existenz, bezieht. *„Dieser Bereich ist selbst gewählt und selbst gestaltet. ,Soziale Kontakte' beziehen* *bereits Menschen mit ein, denen man zwangsläufig begegnet – im Treppenhaus oder beim Kaufmann – und denen man u.U. lieber nicht begegnen würde*" (Alheit 2010, S. 129). Dies bedeutet auch, dass sich die konkreten Interaktionsbezüge und damit auch die klassischen gesellschaftlichen Verbindungsmuster in einem eher eingeschränkten sozialen Rahmen abspielen. Deshalb verwundert es auch nicht, dass sich die konkreten Gelegenheiten für die Gestaltung eines Gemeinwesens verringern und auch nur schwer wiederhergestellt werden können. Wie in der Göttinger Studie von Alheit et al. (2010) gezeigt wird, ist Nachbarschaft keine räumliche Tatsache mehr, die nur sozial organisiert werden müsste, sondern „*die Selbstverständlichkeit der räumlichen Gemeinschaftserfahrung [scheint] verloren gegangen zu sein [...] Aber das alles heißt eben nicht, dass reale Nachbarschaft verschwindet, vollends nicht, dass sie heute vielleicht weniger notwendig wäre [...]. Nur verläuft das Neighbourhood Building aktuell vielleicht genau umgekehrt: Es beruht heute eher auf sozialer Nähe, die sich räumlich organisieren muss*" (ebd., S. 132). Gerade hier ist die Schaffung von regionalen Netzwerken ein wesentlicher Faktor. Die lokale Verwobenheit ist heute vielen Menschen kaum mehr bewusst, wenngleich sie in Phasen ihres Lebens (im Leben mit Kindern oder im Alter) fundamental darauf angewiesen sind. Es scheint, dass Sozietät heute stärker auf eine befriedigende Art „inszeniert" werden muss – „*nicht über die Köpfe der Betroffenen hinweg, sondern durch freundliche Einladung in Erzählcafés, durch Stadtteilfeste, durch Theaterprojekte, [...]. Vielleicht sollten wir aber auch die Idee moderner Netzwerker noch ernster nehmen, dass soziale Nähe zunehmend nicht mehr notwendig räumliche Nähe bedeutet, d.h. vielleicht müssen wir den Sozialraum Nachbarschaft ‚neu denken'*" (ebd., S. 133).

Wenn Prozesse des Miteinander (angefangen beim vermehrten Online-Einkauf bis hin zur alltäglichen Kommunikationsbefriedigung über Social-Media-Plattformen) immer stärker aus lokalen Bezügen verschwinden oder überschrieben werden von scheinbar potenteren Formen des Miteinander, ändern sich die Grundstrukturen der Bezüge von lokal und global in dem Sinne, dass wir tatsächliche Bezugspunkte der Entscheidungen darüber, was wir als Nachbarschaft bezeichnen, immer wieder neu zu verhandeln haben. Nachbarschaft, verstanden als die prinzipiell vorbehaltlose Verknüpfung von Menschen in den Grenzen des eigenen Sozialraums, fordert uns spätestens seit Beginn der Industrialisierung dazu auf zu bestimmen, welchen Menschen ich mich verpflichtet fühlen soll. Der dritte Sozialraum umfasst dabei im städtischen Bereich (je nach Nachbarschaftstradition) 5 bis 3.000 Einwohner und Einwohnerinnen, im ländlichen Bereich 1.000 bis 5.000 Einwohner und Einwohnerinnen (vgl. Dörner 2007), innerhalb deren räumlichen Grenzen Menschen ein Minimum an sozialer Beteiligung in Anspruch nehmen. Nun sind derartige Distinktionslinien ins Wanken geraten und erweitern regionalistische Argumentationsmuster, die versuchen, das Verlangen nach „Identität" anhand zugeschriebener regionaler Lebenskontexte zu befriedigen. Bleibt dabei der Referenzgegenstand auch oft zweifelhaft, so kann hier doch aus unterschiedlichen Motiven ein identitärer Mehrwert erzielt werden, indem die Zugehörigkeit zu einem räumlichen oder regionalen Korpus proklamiert wird. Kritisch wird ein solches Verhalten erst dann, wenn eine durchgehende deterministische Verknüpfung von Raum, Region, Gesellschaft und Identität hergestellt wird, wie dies in den vielen ethnischen Konfliktlinien der Fall ist und woraus sich immer wieder kriegerische Handlungen ergeben, wie z.B. im sogenannten Balkankonflikt.

Wie immer sich Individuen konkret lokal und sozial verorten können, hängt dabei von den real wahrgenommenen sozialen Strukturen ab, innerhalb derer Sozialisationsprozesse fortwährend ablaufen. Durch ihr Handeln in diesen Settings eignen sie sich die gesellschaftliche Wirklichkeit an und gestalten gleichzeitig die Prozesse (real oder symbolisch), innerhalb derer sie sich als soziale Wesen bewegen und immerzu sozial handeln. Aus diesem Grund ist dieses Wechselspiel zwischen Innen und Außen, zwischen erlebbarer Umwelt und gestaltbarem Lebensbereich von entscheidender Bedeutung. Auch wenn die Möglichkeiten moderner technologischer oder medialer Angebote in den letzten Jahren immens gewachsen sind, so bleibt der sozialräumliche Bezug zu Angeboten von Lern- und Bildungsprozessen doch weiterhin sehr stark. Auch deshalb haben sich seit den 1970er Jahren in Österreich Überlegungen zu Konzeptionen der „Lernenden Region" als überaus wichtig erwiesen.

Gerade wenn es um die Schaffung von partizipatorischen Räumen geht, spielen örtliche Möglichkeiten zum Aufbau von kreativen Lern- und Entwicklungsmilieus eine wichtige Rolle (vgl. Gnahs 2002). Zwar stehen hier meist sehr funktionale Revitalisierungsabsichten unter dem Gesichtspunkt des Wissensmanagements im Vordergrund (vgl. Zettler 2002), doch geht es auch darum, die unterschiedlichsten Lebensräume auf der Basis beteiligender Steuerungsmodelle in ihrer Attraktivität für Lern- und Gestaltungsmöglichkeiten zu fördern. Diese Überlegungen sind großteils der Logik der Wissensgesellschaft geschuldet, innerhalb derer neben Boden, Arbeit und Kapital Wissen als zentrale Ressource der Wertschöpfung gesehen wird. Dabei sollen einerseits innovative Gesellschaftsimpulse generiert werden, die den Wirtschaftsstandort beflügeln, andererseits Prozesse des sozialen Wandels, der Globalisierung, der Brüchigkeit bisheriger Lebenserfahrungen bearbeitbar gemacht werden. Der Regionalisierungsfokus ist dabei ein wesentlicher Faktor, um in einer unübersichtlichen politischen, wirtschaftlichen und kulturellen Welt Identitäts- und Sinnstiftung zu betreiben. Die Stärkung der Chancen nicht-urbaner Lebensräume stand von Anfang an im

Mittelpunkt dieser Überlegungen, denn die Frage nach der Selbstbestimmung und der gesellschaftlichen Legitimation der sogenannten Peripherien wurde im Zuge demographischer und soziogeographischer Entwicklungen immer wichtiger. Wirtschaftliche, soziale und politische Erosionsprozesse waren kaum mehr zu übersehen und diese schienen und scheinen zu kaum umkehrbaren Abwanderungs- und Zerfallsprozessen zu führen. Im Sinne zivilgesellschaftlicher Revitalisierungsansprüche sollten diesbezüglich neue Infrastrukturmaßnahmen mit individuellen Lern- und Entfaltungsmöglichkeiten gekoppelt werden, um diese ländlichen Regionen als selbstständige und potente gesellschaftliche Räume zu erschließen. Durch die Verknüpfung von Bildungs- und Raumplanung sollten solcherart großflächige Verständigungsprozesse initiiert werden, die Nachhaltigkeit, Regionalisierung und Partizipation vorantreiben können.

Grundlegend sind eine solche Rhetorik und die daraus abgeleiteten Handlungsbestrebungen einer Marktlogik unterworfen, deren Gewinnmotiv aber als nicht nur rein pekuniär, sondern auch als sozial- und geopolitisch beschrieben werden kann. Im Hinblick auf die wirtschaftspolitischen Interessen eines vereinten europäischen Wirtschaftsraums im Wettbewerb mit globalen Märkten geht es vorrangig um die Transformation von Gütern, aber auch von Organismen und Ideen zu Waren. Dies hatte und hat auch beachtliche Auswirkungen auf die individuellen Aneignungsebenen von Lernprozessen, innerhalb derer von den Arbeitnehmern und Arbeitnehmerinnen verlangt wird, sich flexibel und mobil durch verbesserte Qualifikation an die regionalen Arbeitsmarktbedingungen anzupassen. Hier ergab und ergibt sich ein komplexes Spannungsfeld zwischen sozialpolitischen Argumentations- und Handlungslinien, die stark von den klassischen Nachhaltigkeitsgedanken geprägt sind (wie z.B. die Qualitätsorientierung der regionalen Wertschöpfung oder der Schutz der Ressourcen), und den Prozessen, die auf reinen Marktimpulsen beruhen.

Regionalentwicklung muss sich hierin zu verorten versuchen, indem sie sich, innerhalb der vorhandenen politisch-administrativen Zuständigkeiten, auf den sogenannten Märkten zu platzieren versucht. Gleichzeitig müssen hier aber auch Mitgestaltungsprozesse der sozialen Bürger- und Bürgerinnengesellschaft, die individuellen Perspektiven der ansässigen Menschen berücksichtigt werden, um jene Form von sozialer Kohäsion nicht gänzlich zu zerstören, die notwendig ist, um eine halbwegs erträgliche Dynamik im erlebbaren Nahhorizont von Menschen zu erhalten. Dies gilt sowohl für den Altersaufbau als auch für die Geschlechterverhältnisse und die soziale, kulturelle und ethnische Integrationsfähigkeit in einer Region (vgl. u.a. Hilpert 1997). Hier ist wesentlich, dass sich sozialräumliche Gestaltungsprozesse innerhalb partizipativer gesellschaftlicher Prozesse bewegen. Dies bedeutet, dass für die Diskussion um eine regionale

Grundversorgung mit Bildungsangeboten stets die Anschlussfähigkeit an Prozesse des Ausbaus der Zivilgesellschaft mitgedacht werden muss.

1.9 Grundversorgung Erwachsenenbildung

Vielfach ist von der Forderung nach der Implementierung einer Grundversorgung mit Bildungsangeboten, die von staatlicher Seite gewährleistet werden sollte, in diversen Memoranden und Strategiepapieren zu lesen. Im Ende 2011 erschienenen Grundsatzpapier „Strategie der Erwachsenenbildung/Weiterbildung im Rahmen des lebensbegleitenden Lernens in der Steiermark: Leitlinien, Schwerpunkte, Visionen und Maßnahmen für die Jahre 2011 bis 2015" wird die regional und thematisch ausgewogene Versorgung mit einem Mindestangebot im Bildungsbereich zu den Grundzielen des lebensbegleitenden Lernens und damit der Erwachsenenbildung gezählt. Für die Steiermark wird festgehalten, dass es bereits seit längerem Regionen gibt, in denen eine Grundversorgung nicht mehr gewährleistet ist. Die damit verbundenen verringerten Weiterbildungsmöglichkeiten wirken sich negativ auf die Entwicklung aus und führen damit zu Identitätsverlust, Resignation und Abwanderung. Aus diesem Grund wird die Grundversorgung bzw. die Regionalisierung zu den Schwerpunkten der Weiterbildungsstrategie erhoben (vgl. Land Steiermark 2011, S. 9f.).

Auch im Projekt „Lernende Regionen (2012) wird die Sicherstellung einer Grundversorgung propagiert, die mithilfe von Instrumenten der Regionalentwicklung erreicht werden soll. So sollen mittels einer Bestandsaufnahme, die die Abstimmung der einzelnen Bildungsanbieter und ihrer Angebote leistet, die Programmierung einer abgestimmten, flächendeckenden regionalen Angebotslandschaft sowie die Vermeidung von Mehrfachangeboten erfolgen. Als Vision wird die regional und thematisch ausgewogene Versorgung mit einem Mindestangebot an Weiterbildungsmöglichkeiten festgehalten, die durch Vernetzung und Kooperation der Bildungseinrichtungen erzielt werden soll. Die theoretische bzw. empirische Fundierung einer derartigen Grundversorgung ist jedoch schwierig und bisher nur bruchstückhaft betrieben worden.

Grundsätzliche Überlegungen dazu halten H. Kuypers und B. Leydendecker (1982) in ihrem Buch „Erwachsenenbildung in der Praxis" fest. Das Prinzip der Grundversorgung hänge eng mit dem Begriff der „flächendeckenden Versorgung" zusammen, wobei jedoch nicht nur regionale, sondern auch inhaltliche Kriterien zu berücksichtigen seien. Daher differenzieren sie den Begriff der „Grundversorgung" in einen regional/geographischen und einen inhaltlichen Bereich. Zudem habe die Grundversorgung sowohl eine quantitative als auch eine qualitative

Funktion. Die freien Träger von Erwachsenenbildung bräuchten dieses Prinzip nicht zu erfüllen, während es für die öffentlichen Träger gesetzliche Pflicht sei. So müsse die Volkshochschule ein flächendeckendes Weiterbildungsangebot unter Berücksichtigung der Siedlungs- und Bildungsstruktur, des Berufs- und Wirtschaftslebens sowie der Verkehrsverhältnisse anbieten. Dies gelte vor allem für siedlungsoffene Räume, die mit auf ihre Bevölkerung zugeschnittenen Bildungsangeboten versorgt werden müssten. Wie Kuypers und Leydendecker anregen, sollte in Städten der Trend zur Zentralisierung gestoppt und ein über das Stadtgebiet verteiltes Grundangebot installiert werden. Durch die Flächendeckung käme es zu kürzeren Anfahrtswegen und somit zu einer geringeren zeitlichen Belastung für die Lernenden. Zudem könnten lokale Bildungsbedürfnisse schnell und regional-spezifisch erfasst werden (vgl. Kuypers und Leydendecker 1982, S. 92f.).

In einem von M. Wiedemair 1998 durchgeführten Projekt wurde in den Jahren 1998 bis 2001 (vgl. Salzburger Erwachsenenbildung 2001) unter anderem der Frage nach einem regionalen Mindestangebot nachgegangen. Im Ergebnisbericht des Projektes wird darauf verwiesen, dass sich die theoretische Auseinandersetzung mit der Frage eines regionalen Grund- oder Mindestangebotes als wenig zielführend erwiesen hätte. So habe sich für den Untersuchungszeitraum gezeigt, dass eine einheitliche, alle Landesregionen übergreifende Definition von Daten bzw. inhaltlichen Vorgaben nicht möglich sei. Zudem würden sich auch aus der einschlägigen Fachliteratur, die als nur spärlich vorhanden beschrieben wird, keine klaren und inhaltlich detaillierten zahlenmäßigen Angaben eruieren lassen (vgl. Wiedemair 2001).

Kritisch politische Auseinandersetzungen mit der Frage nach einem Grundangebot an Weiterbildung stammen größtenteils aus den 1960er bis 1970er Jahren, wobei sich im internationalen Raum vereinzelte Definitionsversuche einer derartigen Grundversorgung ausmachen lassen. H. Weishaupt und O. Böhm-Kasper (2009) datieren die ersten Auseinandersetzungen in Deutschland mit der Forderung nach einer zu gewährleistenden Grundversorgung mit Weiterbildung in die im Umfeld der Reformdiskussionen geführten Debatten der 1960er Jahre. Auf Grundlage dieser ersten Diskussionen entstanden in Baden-Württemberg und Bayern (vgl. Meister 1971, Schwerdtfeger und Andräs 1970) erste umfassende Untersuchungen der regionalen Strukturen der Weiterbildung mit dem Ziel, auf die Benachteiligungen und besonderen Ausbauerfordernisse ländlicher Regionen hinzuweisen. Durch Weiterbildungsgesetze wurden schließlich in den 1970er Jahren die Träger der Weiterbildung in den meisten deutschen Bundesländern zu einem flächendeckenden und nutzernahen Angebot verpflichtet. Allerdings fehlten in allen Weiterbildungsgesetzen konkrete *„Vorschriften über die inhaltliche Mindestausgestaltung eines flächendeckend anzubietenden Grundangebots"*

(Deutscher Bildungsrat 1975, S. 373), weswegen vom Deutschen Bildungsrat die Sicherstellung eines flächendeckend verfügbaren Mindestprogramms der Weiterbildung gefordert wurde. Innerhalb dieses Mindestprogramms sollte eine Anpassung der inhaltlichen Ausgestaltung je nach regionalen Bedürfnissen mit Elementen der allgemeinen, politischen und beruflichen Weiterbildung möglich sein. Laut Weishaupt und Böhm-Kasper stellt der ebenfalls 1975 vorgelegte Ausbauplan für ein öffentlich verantwortetes Weiterbildungssystem die Konkretisierung dieser Forderung dar. Dieser Ausbauplan bietet eine Definition des quantitativen Kriteriums einer Grundversorgung Weiterbildung. Als langfristige Zielstufe sah der Plan, wie in Abbildung 4 gezeigt, jährlich 500 Unterrichtseinheiten auf 1.000 Einwohner und Einwohnerinnen vor, womit jedem/jeder Erwachsenen durchschnittlich alle drei Jahre ein Platz in einem öffentlichen Weiterbildungskurs gewährleistet worden wäre (Schulenberg et al. 1975 zit.n. Weishaupt und Böhm-Kasper 2010, S. 791).

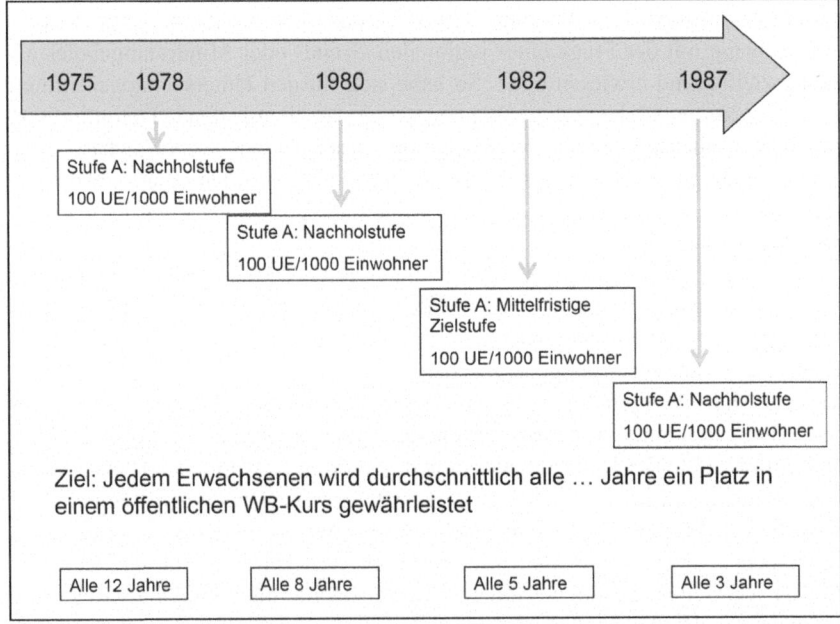

Abbildung 4: Zielstufen des Strukturplans für den Aufbau des öffentlichen Weiterbildungssystems in Deutschland (Quelle: Schulenberg 1975, S. 21ff.)

Zwar ist die Weiterbildungsdichte in Deutschland seit 1975 gestiegen, jedoch konnte 2007 kein Bundesland die mittlere Zielstufe von 300 Unterrichtseinheiten je 1.000 Einwohner und Einwohnerinnen erreichen. Die neuen Bundesländer innerhalb derer der Ausbaugrad an Volkshochschulen vergleichsweise gering ist, erreichten an der Jahrtausendwende eine Versorgungssituation, die mit der der alten Bundesrepublik um 1970 vergleichbar ist. Etwa 21% der Kreise konnten die 1. Nachholstufe von 100 Unterrichtseinheiten auf 1.000 Einwohner und Einwohnerinnen nicht erreichen (vgl. Weishaupt und Böhm-Kasper 2010, S. 791). Die langfristige Zielstufe von 500 und mehr Stunden pro 1,000 Einwohner und Einwohnerinnen wurde von insgesamt 3,0% der Kreise Deutschlands erreicht, wobei ausschließlich Kreise der alten Bundesländer diese Stufe erreichten.

Tabelle 1: Prozentualer Anteil an Kreisen der Bundesrepublik Deutschland innerhalb der jeweiligen Zielstufen der Weiterbildungsdichte für das Jahr 2001 (in Klammern absolute Zahlen) (Quelle: Weishaupt und Böhm-Kasper 2010, S. 793)

Zielstufen des Bildungsrates	Kreise in den alten Bundesländern	Kreise in den neuen Bundesländern	Deutschland Gesamt
unter Nachholstufe A (<100 UE/1000 EW)	7,4% (24)	60,7% (68)	21,1% (92)
unter Nachholstufe B (100 bis unter 200 UE/1000 EW)	46,6% (151)	33,0% (37)	43,1% (188)
unter der mittelfristigen Zielstufe (200 bis unter 300 UE/1000 EW)	30,2% (98)	6,3% (7)	24,1% (105)
unter der langfristigen Zielstufe (300 bis unter 500 UE/1000 EW)	11,7% (38)		8,7% (38)
über der langfristigen Zielstufe (500 und mehr UE/1000 EW)	4,0% (13)		3,0% (13)

Heute wird in Deutschland allgemeine, öffentlich verantwortete Weiterbildung vor allem mittels der Weiterbildungsgesetze auf Landesebene sichergestellt. In 14 Bundesländern werden die grundlegenden Punkte der Erwachsenenbildung wie Förderung von Einrichtungen, Trägern oder Projekten durch das Land durch Weiterbildungsgesetze geregelt, wobei sich hier das Ausmaß je nach Land unterscheidet. Berlin und Hamburg besitzen kein Weiterbildungsgesetz, unterstützen jedoch die Weiterbildung von Arbeitnehmern und Arbeitnehmerinnen durch den gesetzlichen Anspruch auf Bildungsurlaub. In den Weiterbildungsgesetzen der Länder Brandenburg, Hessen, Mecklenburg-Vorpommern, Nordrhein-Westfalen, Sachsen-Anhalt (zusammen mit anderen Trägern) und Thüringen wird eine zu leistende Grundversorgung erwähnt, welche den Grundbedarf an Weiterbildung decken soll. Der Umfang, die Förderungshöhe und die inhaltlichen Vorgaben der jeweiligen Gesetze unterscheiden sich jedoch stark voneinander. Hervorzuheben sind hier die Länder Hessen und Brandenburg. Hessen leistet eine detaillierte inhaltliche Definition der Grundversorgung, während Brandenburg einen spezifischen Weiterbildungsschlüssel, der die quantitative Dimension in den inhaltlichen Bereichen allgemeine, berufliche, kulturelle und politische Weiterbildung steuert, festlegt. Während in den Jahren 1994 und 1995 pro 40.000 Einwohner und Einwohnerinnen 2.400 Unterrichtsstunden gefördert wurden, wurde diese Bemessungsgrenze 1996 auf die Relation 30.000 : 2.400 erhöht, um die Weiterbildungsdichte zu verbessern (vgl. Landesregierung Brandenburg 1997, S. 29).

In Südtirol leistet im Bereich der allgemeinen Weiterbildung das Gesetz zur Regelung der Weiterbildung und des Bibliothekwesens aus dem Jahr 1983 die zentrale Regelung der Förderung. Als ein Hauptziel dieses Gesetzes kann der Aufbau von stabilen leistungsfähigen Weiterbildungseinrichtungen, die eine flächendeckende Versorgung der Bevölkerung mit Bildungsangeboten durch dezentrale Bildungsausschüsse in den Gemeinden und die Koordinierung aller Initiativen im Weiterbildungsbereich gewährleisten, gesehen werden. Ein Grund für die Einsetzung des Weiterbildungsgesetzes war laut W. Filla der Wunsch nach dem Abbau eines stark ausgeprägten Stadt-Land-Gefälles, das damals bei den Veranstaltungen ein Verhältnis von 6 : 1 hatte (vgl. Filla 2008, S. 20).

Kriterien einer qualitativen Dimension zu definieren, gestaltet sich, wie Kuypers und Leydendecker darstellen, als schwierig. Die qualitativen Kriterien ergeben sich ihrer Argumentation folgend einerseits aus dem manifesten Bedarf, womit Veranstaltungen gemeint sind, die aus der Erfahrung der örtlichen Institution, aber auch aus den Erfahrungen anderer Einrichtungen als Grundbestand angeboten werden sollten, andererseits aus der Erfassung des „latenten Bedarfs", der durch Bedarfs- und Defizitanalysen gefunden werden sollte. Sie plädieren dafür, dass in die Ausgestaltung eines Mindestprogramms Elemente aus der allgemeinen, der politischen und der beruflichen Weiterbildung aufgenommen werden. Grundkurse sollten vor allem in den Bereichen Politische Bildung, in den Kultur-, Geistes- und Religionswissenschaften, im kreativen Bereich, im Bereich der Eltern- und Familienbildung, in Wirtschaftslehre und Wirtschaftspolitik, im Bereich der Muttersprache und der Fremdsprachen, im naturwissenschaftlichen Bereich sowie in Fragen der Gesundheitserziehung angeboten werden. Ebenfalls zum Grundangebot sollten die Bildungsberatung und fachübergreifende Veranstaltungen wie Lernen lernen, Arbeitstechniken, Wege der Informationsgewinnung, Lerntechniken, Lesetraining, Redetraining und Kommunikationstraining gehören. Sie weisen allerdings auch darauf hin, dass Teile des Programms unveränderbarer Grundbestandteil sein sollten, während andere Elemente frei variiert werden könnten (vgl. Kuypers und Leydendecker 1982, S. 92f.).

In der Grundversorgung des Landes Brandenburg sind die vier Inhaltsbereiche allgemeine, berufliche, kulturelle und politische Weiterbildung festgehalten (vgl. Landesregierung Brandenburg 1997, S. 29ff.). Das Land Hessen definiert in seinem Gesetz zur Förderung der Weiterbildung und des lebensbegleitenden Lernens als zum Pflichtangebot der Einrichtungen in öffentlicher Trägerschaft, die die Grundversorgung gewährleisten, gehörend: *„Lehrveranstaltungen der politischen Bildung, der Alphabetisierung, der arbeitswelt- und berufsbezogenen Weiterbildung, der kompensatorischen Grundbildung, der abschluss- und schulabschlussbezogenen Bildung, Angebote zur lebensgestaltenden Bildung und zu Existenzfragen einschließlich des Bereichs der sozialen und interkulturellen Beziehungen sowie Angebote zur Förderung von Schlüsselqualifikationen mit den Komponenten Sprachen-, Kultur- und Medienkompetenz. Zum Pflichtangebot gehören auch Bildungsangebote zur Förderung einer nachhaltigen Entwicklung unserer Gesellschaft, ebenso Bildungsangebote im Bereich der Gesundheitsbildung, auch soweit sie dem Arbeitsschutz dienen, und Bildungsangebote der Eltern- und Familienbildung, des Gender Mainstreamings sowie für das Ehrenamt und zur sozialen Teilhabe von Menschen mit Behinderungen"* (Hessisches Weiterbildungsgesetz 2001, S. 5). Zumindest fünfundzwanzig von hundert Maßnahmen des geförderten Pflichtangebots müssen aus den Bereichen Arbeit und Beruf oder Grundbildung oder Schulabschlüsse stammen.

Bezüglich der regionalen Kriterien zur Grundsicherung in Österreich und der Steiermark hält die ÖROK (Österreichische Raumordnungskonferenz) fest, dass die Herstellung, Sicherung und Verbesserung einer gerechten Verteilung von Gütern und Leistungen unter anderem durch räumliche Zugänglichkeit und Erreichbarkeit in einer angemessenen Zeit gewährleistet werden muss. Als angemessen werden für Leistungen des täglichen Bedarfs 15 Minuten, des periodischen Bedarfs 30 Minuten und des unregelmäßigen Bedarfs 60 Minuten definiert (vgl. ÖROK 2006, S. 13). In Anbetracht der demographischen Entwicklungen im ländlichen Raum der Steiermark müssen sich Überlegungen zu einer Grundversorgung Erwachsenenbildung vor allem auch an den Bedürfnissen der älteren Bevölkerungssegmente orientieren, die, sofern die Prognosen in die richtige Richtung deuten, zukünftig einen sehr großen Anteil an der Bevölkerung vor allem peripherer ländlicher Gebiete stellen werden. Der Weiterbildung wird gerade im Alter große Bedeutung für eine selbstbestimmte Lebensführung zugeschrieben (vgl. Kolland und Ahmadi 2010, S. 11), jedoch führt der Stellenwert der Nutzung der Ressource Bildung zu schwerwiegenden Problemen gerade für diejenigen Älteren, die nicht an Bildung partizipieren (vgl. Friebe 2010, S. 145). Gründe für die Nichtteilnahme sind sowohl in den Personen selbst als auch in den Strukturen zu finden, wichtig ist hier die von B. Rosenbladt und F. Bilger (2008, S. 151) geforderte Verfügbarkeit von Bildungsangeboten in den verschiedenen Regionen und Wohnviertel. Gerade für in ihrer Mobilität eingeschränkte Menschen müssen die als angemessen erachteten Zeiten für Leistungen des periodischen und unregelmäßigen Bedarfs adaptiert werden. Auch soll hier noch einmal auf die vorne schon erwähnte oberösterreichische Studie verwiesen werden, aus der hervorgeht, dass die maximale, als akzeptabel erachtete Entfernung zum Schulungsort für Bildungsferne bei 20 Kilometern und für Niedrigqualifizierte bei 60 Kilometern liegt, während Hochqualifizierte 108 Kilometer in Kauf nehmen würden (vgl. Mörth 2004, S. 144). Auch hier müssten dementsprechende zielgruppenspezifische Adaptionen vorgenommen werden.

Nun ist eine solche Entwicklungsperspektive, die prioritär auf die Bedürfnisse der Akteure und Akteurinnen ausgerichtet ist, eine wichtige Forderung, aber in den im Folgenden vorgestellten Analysen werden vorwiegend Prozesse sichtbar, die die lokalen Wünsche nach Weiterbildung oft quasi schicksalhaft an den konkreten fehlenden Strukturen festmachen. So werden auch das Weiterbildungsverhalten und die eigene Bedürfnislage an die faktischen Gegebenheiten „angepasst". Das Verhältnis zwischen wirtschaftlichen Gegebenheiten und kommunalen Entwicklungsforderungen gestaltet sich in den untersuchten Regionen unterschiedlich. Das Verhältnis zwischen Weiterbildungsstruktur, Wirtschaftslage und Bildungsbedürfnissen ist dort auf „prinzipieller Augenhöhe", wo sich keine allzu starken alters- und/oder kulturhomogenen Räume erschließen. Andere lokale Räume, die sich (z.B. wegen bereits stattgefundener Abwanderungsbewegungen) als relativ humankapitalschwach und altershomogen präsentieren, haben weitaus stärkere Probleme, strukturelle Innovationen durch Bildungsprozesse anzuregen oder mitzutragen. Wie diese Korridore zu beschreiben sind, zeigen die nachfolgenden Ausführungen.

2 „Grundversorgung Erwachsenenbildung in der Steiermark"

Im vom Land Steiermark finanzierten Forschungsprojekt „Grundversorgung Erwachsenenbildung in der Steiermark" (Laufzeit 2011 bis 2012) wurden verschiedene Dimensionen von Weiterbildungsprozessen in ihrer räumlichen Differenzierung einer umfassenden Analyse unterzogen. Ziel war es, eine empirische Grundlage für die Entwicklung von Kriterien zu schaffen, die gegeben sein müssten, um von einer regionalen Grundversorgung mit Erwachsenenbildung und somit von einem Mindeststandard an territorialer Bildungsgerechtigkeit in der Steiermark sprechen zu können.

In diesem Abschnitt werden die unterschiedlichen Weiterbildungsdimensionen deskriptiv und danach multivariat analytisch mithilfe von logistischen Regressionsmodellen sowie einer Korrespondenzanalyse dargestellt. Die berichteten Ergebnisse basieren auf einer Sekundärdatenanalyse des Sonderprogramms des Mikrozensus 2003 zum Lebenslangen Lernen (vgl. Statistik Austria 2004). Diese Erhebung stellt Daten zur Verfügung, die einerseits eine Vielzahl an Indikatoren zum Lebenslangen Lernen bereitstellen, andererseits die Möglichkeit bieten, bis auf die Ebene der NUTS 3-Regionen Analysen durchzuführen, was beispielsweise im aktuelleren Adult Education Survey (2007) aufgrund der geringeren Gesamtstichprobe nicht möglich ist.

Im Sonderprogramm des Mikrozensus 2003 zum Lebenslangen Lernen wurden insgesamt 0,8% der österreichischen Bevölkerung erfasst, was in etwa 60.000 Personen entspricht. Diese Daten sind repräsentativ für Österreich und mit Gewichtungsfaktoren versehen, wodurch der Schluss (Hochrechnung) von der Stichprobe auf die Grundgesamtheit ermöglicht wird. Eine solche Hochrechnung kann aber nur innerhalb bestimmter Fehlergrenzen erfolgen. Für die Daten aus der Steiermark gilt, dass bei einer hochgerechneten Personenzahl von 14.000 der relative Stichprobenfehler bei 95%iger statistischer Sicherheit maximal +/-20% beträgt (vgl. Hammer, Moser und Klapfer 2004, S. 22). In den nachfolgend dargestellten Analysen zu regionalen Unterschieden innerhalb der Steiermark wurde dieser Schwellenwert nie unterschritten.

2.1 Die Sozial- und Wirtschaftsstruktur der politischen Bezirke der Steiermark – zentrale Parameter

Die Darstellung zentraler Parameter der Sozial- und Wirtschaftsstruktur der steirischen Bezirke schafft einen ersten Rahmen, um die anschließenden Ergebnisse zu den Dimensionen von Weiterbildungsprozessen in ihrem räumlichen Bezug einordnen zu können. Die Daten zur Sozial- und Wirtschaftsstruktur wurden Publikationen und der Homepage der Landesstatistik Steiermark (LASTAT) entnommen.

Die Steiermark ist eines von neun österreichischen Bundesländern. Ihre Fläche beträgt 16.401 km², was 19,6% der Gesamtfläche Österreichs (83.879 km²) entspricht. Die Einwohner- und Einwohnerinnenzahl beläuft sich in der gesamten Steiermark (zum Stichtag 1.1.2010) auf geringfügig mehr als 1,2 Mio. Menschen, das sind 14,4% der gesamt 8,4 Mio. Einwohner und Einwohnerinnen Österreichs. Pro Quadratkilometer leben damit in der Steiermark (zum Stichtag 1.1.2010) 74 Personen, während es im österreichischen Durchschnitt 100 Personen sind. Zu 57,2% besteht die Steiermark aus Wald, zu 76,0% aus Gebirge und zu 31,7% aus Dauersiedlungsraum (Flächenanteile überschneidend), womit sie das waldreichste Bundesland Österreichs ist.

Wie in Tabelle 2 dargestellt, besteht die Steiermark aus 17 politischen Bezirken und 542 Gemeinden. Die NUTS 3-Regionen sind Graz, Liezen, die östliche Obersteiermark, die Oststeiermark, die West- und Südsteiermark und die westliche Obersteiermark.

Tabelle 2: Administrative Einteilung der Steiermark

Politischer Bezirk	Anzahl Gemeinden	Stadt-gemeinden	Markt-gemeinden	Wohnbe-völkerung 1. 1. 2010	Fläche km2	EW/ km2
Graz-Stadt	1	1		257328	127,48	2019
Bruck an der Mur	21	3	7	62691	1306,33	48
Deutschlandsberg	40	1	11	60920	864,02	71
Feldbach	55	2	7	67234	730,49	92
Fürstenfeld	14	1	2	22909	264,21	87
Graz-Umgebung	57	1	22	141977	1102,93	129
Hartberg	50	2	7	66945	958,82	70
Judenburg	24	2	5	45270	1097,67	41
Knittelfeld	14	2	2	29215	578,11	51
Leibnitz	48	1	16	77135	682,69	113
Leoben	19	3	8	63584	1099,16	58
Liezen	51	5	11	80175	3268,26	25
Mürzzuschlag	16	2	5	40606	848,47	48
Murau	34	2	5	29678	1384,11	21
Radkersburg	19	2	6	23044	338,37	68
Voitsberg	25	3	5	52471	679,22	77
Weiz	54	2	8	87190	1070,7	81
Insgesamt	542	35	127	1208372	16401,04	74

Quelle: LASTAT 2012a, Darstellung/Berechnung auf Basis der Daten von Statistik Austria 2004

Tabelle 3: Bevölkerungsentwicklung in der Steiermark 1971 bis 2011

Politischer Bezirk	Bevölkerungsstände					% Veränderung	
	VZ 1971	VZ 1981	VZ 1991	VZ 2001	VZ 2011	1991 - 2001	2001-2011
Graz-Stadt	249089	243166	237810	226244	261540	-4,9	15,6
Bruck an der Mur	73855	71330	67774	64991	62500	-4,1	-3,8
Deutschlandsberg	59035	59515	60581	61498	60851	1,5	-1,1
Feldbach	64322	64978	65751	67200	67046	2,2	-0,2
Fürstenfeld	22329	22272	22293	23001	22797	3,2	-0,9
Graz-Umgebung	99806	106343	118048	131304	142553	11,2	8,6
Hartberg	63187	64788	66787	67778	66730	1,5	-1,5
Judenburg	54121	52640	50112	48218	44983	-3,8	-6,7
Knittelfeld	29537	30108	29526	29661	29095	0,5	-1,9
Leibnitz	69666	69854	71712	75328	77289	5	2,6
Leoben	86757	80518	73372	67767	63104	-7,6	-6,9
Liezen	79621	80322	81352	82235	79814	1,1	-2,9
Mürzzuschlag	48664	46340	44762	42943	40207	-4,1	-6,4
Murau	32845	32427	32257	31472	29426	-2,4	-6,5
Radkersburg	26306	25671	24799	24068	22911	-2,9	-4,8
Voitsberg	56924	55806	54577	53588	52242	-1,8	-2,5
Weiz	78959	80447	83207	86007	87526	3,4	1,8
Steiermark	1195023	1186525	1184720	1183303	1210614	-0,1	2,3

Quelle: LASTAT 2012b, Darstellung/Berechnung auf Basis der Daten von Statistik Austria: Volkszählung 1951-2001, POPREG 1.1.2011, ÖROK-Regionalprognose Sommer 2010

Die Bevölkerungsentwicklung zwischen 1971 und 2011 verlief, wie in Tabelle 3 veranschaulicht, in den politischen Bezirken der Steiermark sehr unterschiedlich. Werden die Zeitspannen 1991 bis 2001 und 2001 bis 2011 isoliert betrachtet, so zeigt sich, dass der Bezirk Graz-Umgebung jeweils die stärksten Zunahmen verbuchen konnte (1991 bis 2001: +11,2%, 2001 bis 2011: +8,6%), während die Stadt Graz zwischen 1991 und 2001 einen Rückgang von 4,9%, dann aber wieder eine Bevölkerungszunahme von 15,6% vorweist. Kontinuierlich von Bevölkerungsabnahmen waren die Bezirke Leoben (1991 bis 2001: -7,6%, 2001 bis 2011: -6,9%) und Bruck an der Mur (1991 bis 2001: -4,1%, 2001 bis 2011: -3,8%) betroffen, besonders drastisch die obersteirischen Industriebezirke Mürzzuschlag und Leoben.

Hierin zeigt sich die nationale und auch globale Tendenz, dass urbane Zentren und deren unmittelbaren Umlandgemeinden stark nachgefragt werden, während sich der klassische ländliche Raum immer weiter entvölkert. In diesem Sinne hat sich auch das bislang umfangreiche Auspendeln aus peripheren Regionen trotz besserer verkehrstechnischer Infrastruktur gewandelt, indem mit steigendem Bildungsgrad die urbanen Ballungsräume nicht mehr nur temporär (für die Arbeit) anziehend sind. Vielmehr sind hier urbane Verhaltens- und Nachfragemuster wesentlich, die einen Wegzug aus ländlichen Gebieten forcieren. Gravierend ist dies vor allem in Kommunen unter 2.500 Einwohnern und Einwohnerinnen, wie z.B. in Vordernberg im Bezirk Leoben (-24,4%), Hieflau im Bezirk Leoben (-23,9%) oder Stolzalpe im Bezirk Murau (-20,6%), während die Stadt Graz ein Plus von 17,3% und Seiersberg als unmittelbares Einzugsgebiet ein Plus von 23,7% verbuchen konnten.

Tabelle 4: Durchschnittsalter der Wohnbevölkerung in der Steiermark 1981 bis 2011

Bezirk	1981	1991	2001	01.01.2011
Graz-Stadt	39,4	40,2	41,4	40,9
Bruck an der Mur	37,1	39,7	42,2	44,8
Deutschlandsberg	34,9	37	39,4	42,7
Feldbach	34,1	36,1	38,8	42,1
Fürstenfeld	36,1	37,9	39,7	42,9
Graz-Umgebung	35,2	36,9	39	41,7
Hartberg	33,1	35,4	37,9	41,6
Judenburg	35,8	38,3	41,1	44,6
Knittelfeld	36	38,3	40,4	43,3
Leibnitz	34,3	36,3	38,6	41,7
Leoben	38,3	41,1	43,5	46
Liezen	35,2	37,6	40	43,2
Mürzzuschlag	37,4	39,8	42,4	45,6
Murau	33,7	36,2	39,1	43
Radkersburg	35,7	38,1	40,3	43,9
Voitsberg	35,8	38,5	41	44
Weiz	34,3	36,1	38,5	41,5
Steiermark	36,2	38,1	40,2	42,5

Quelle: LASTAT 2012c, Darstellung/Berechnung auf Basis der Daten von Statistik Austria 2004

In der Steiermark stieg das Durchschnittsalter einer hier wohnenden Person von 36,2 Jahren im Jahr 1981 auf 42,5 Jahre (Männer 41,0 und Frauen 44,0 Jahre) im Jahr 2011. Bei Männern liegt das Durchschnittsalter bei 41,0 und bei

Frauen bei 44,0 Jahren. Die Bezirke mit dem höchsten Durchschnittsalter ihrer Wohnbevölkerung waren 2011 Leoben (46 Jahre), Mürzzuschlag (45,6 Jahre) und Bruck an der Mur (44,8 Jahre). Das niedrigste Durchschnittsalter, d.h. die vergleichsweise jüngste durchschnittliche Wohnbevölkerung wiesen 2011 Graz-Stadt (40,9 Jahre), Weiz (41,5 Jahre), Hartberg (41,6 Jahre), Leibnitz (41,7 Jahre) und Graz-Umgebung (41,7 Jahre) auf (vgl. Tabelle 4). Gleichzeitig verringerte sich in der gesamten Steiermark die Anzahl der Kinder unter 15 Jahren seit 1971 von 311.000 auf 165.000 im Jahr 2011, d.h. halbierte sich annähernd (-47%). Dieser Trend wird sich laut Prognosen der Landesstatistik der Steiermark (LASTAT) in den kommenden Jahren weiter fortsetzen (mit einem Schätzwert von -12,5%).

Tabelle 5: Senior/in-Kind-Relation in der Steiermark 1981 bis 2011

Bezirk	1981	1991	2001	2011
Graz-Stadt	0,74	0,92	0,9	0,95
Bruck an der Mur	0,5	0,74	0,92	1,24
Deutschlandsberg	0,4	0,54	0,66	0,9
Feldbach	0,38	0,48	0,65	0,86
Fürstenfeld	0,47	0,62	0,72	0,94
Graz-Umgebung	0,4	0,51	0,59	0,8
Hartberg	0,33	0,43	0,57	0,82
Judenburg	0,43	0,61	0,82	1,17
Knittelfeld	0,47	0,63	0,74	1
Leibnitz	0,37	0,49	0,6	0,81
Leoben	0,58	0,88	1,09	1,48
Liezen	0,41	0,57	0,7	0,99
Mürzzuschlag	0,52	0,73	0,95	1,33
Murau	0,35	0,49	0,66	0,96
Radkersburg	0,45	0,63	0,76	1,06
Voitsberg	0,43	0,63	0,82	1,1
Weiz	0,37	0,48	0,61	0,81
Steiermark	0,47	0,63	0,74	0,96

Quelle: LASTAT 2012d, Berechnung/Darstellung auf Basis der Daten von Statistik Austria 2004

Ein weiterer wichtiger Indikator zur Beschreibung der Altersstruktur einer Gesellschaft ist die Senior/in-Kind-Relation. Diese Maßzahl beschreibt das Verhältnis der 65- und Mehrjährigen zu den unter 20-Jährigen. Während im Jahr 1981 in der Steiermark 47 Senioren und Seniorinnen auf 100 Kinder und Jugendliche kamen, waren es 2011 bereits 96 Senioren und Seniorinnen. In den Bezirken Leoben, Mürzzuschlag, Bruck an der Mur, Judenburg, Voitsberg und Radkersburg kam im Jahr 2011 mehr als ein/e Senior/in auf eine/n unter 20-jährige/n Einwohner/in. Damit lassen das durchschnittliche Alter der Wohnbevölkerung, die Anzahl der Kinder unter 15 Jahren und die Senior/in-Kind-Relation einen Anstieg der Relation zu Gunsten der älteren Generation in der Steiermark seit 1971 bzw. 1981 beobachten. Dieser Trend setzt sich auch in der Bevölkerungsprognose fort.

Tabelle 6: Erwerbstätige nach wirtschaftlicher Zugehörigkeit

	Erwerbstätige Gesamt	Primärer Sektor	Sekundärer Sektor	Tertiärer Sektor
Graz-Stadt	113.628	0,6	15,3	84,1
Bruck an der Mur	27.689	4,2	33,4	62,3
Deutschlandsberg	29.881	9,3	31,9	58,8
Feldbach	34.563	11,9	29,1	59
Fürstenfeld	11.381	8,3	28,3	63,4
Graz-Umgebung	71.676	5,2	24	70,7
Hartberg	34.638	11,8	32,3	55,9
Judenburg	20.204	7,5	33,2	59,2
Knittelfeld	13.232	7,1	28,9	63,9
Leibnitz	38.457	9,2	29,6	61,2
Leoben	26.914	4	29,7	66,3
Liezen	37.735	7,5	27,9	64,5
Mürzzuschlag	17.811	6,6	35	58,4
Murau	14.334	13,8	28,5	57,7
Radkersburg	11.520	13,7	23,6	62,7
Voitsberg	24.413	7,1	29	63,9
Weiz	45.593	10,3	33,9	55,8
Steiermark	573.669	6,7	26,8	66,4

Quelle LASTAT 2012d, Berechnung/Darstellung auf Basis der Daten von Statistik Austria 2004

Bei Betrachtung der Aufteilung der Berufstätigen nach Wirtschaftssektoren seit der Volkszählung 1981 zeigt sich bis 2009 ein Rückgang des primären Sektors um fast die Hälfte (1981: 12,5%, 2009: 6,4%) und des sekundären Sektors um über ein Drittel (1981: 42,2%, 2009: 26,8%). Der tertiäre Sektor gewann dagegen stark an Bedeutung und stieg von einem Anteil von 45,4% an Berufstätigen im Jahr 1981 auf 66,9% im Jahr 2009. Bezüglich der Aufteilung der Berufstätigen nach Wirtschaftssektoren auf Bezirksebene ist ersichtlich, dass im Jahr 2009 der Bezirk Murau mit 13,8% der Erwerbstätigen den höchsten Anteil im primären Sektor, der Bezirk Mürzzuschlag mit 35,0% den höchsten Anteil im sekundären Sektor und mit 84,1% Graz den höchsten Anteil im tertiären Sektor aufwiesen.

Tabelle 7: Wohnbevölkerung in der Steiermark 1951 bis 2050

Bezirk	1951	1961	1971	1981	1991	2001	2011	2020	2030	2040	2050
Graz-Stadt	100,1	104,8	110,1	107,5	105,1	100	115,6	121,3	126,8	131	134,7
Bruck an der Mur	102,2	106,5	113,6	109,8	104,3	100	96,2	94,3	92,7	91,5	90,5
Deutschlandsberg	95,3	93	96	96,8	98,5	100	98,9	99,2	100,3	101,1	101
Feldbach	91,5	91	95,7	96,7	97,8	100	99,8	100,7	101,7	102,3	101,7
Fürstenfeld	99,3	96	97,1	96,8	96,9	100	99,1	101,6	103,6	104,7	104,5
Graz-Umgebung	62,5	67,5	76	81	89,9	100	108,6	118,7	128	134,9	139,6
Hartberg	85,1	87,5	93,2	95,6	98,5	100	98,5	98,3	97,9	97,4	95,9
Judenburg	104,3	109,6	112,2	109,2	103,9	100	93,3	89,3	85,8	82,9	80
Knittelfeld	93,4	95,3	99,6	101,5	99,5	100	98,1	96,8	95,5	93,9	91,8
Leibnitz	92,4	88,8	92,5	92,7	95,2	100	102,6	106	109,8	112,6	114
Leoben	123,7	125,7	128	118,8	108,3	100	93,1	88,8	85,2	82,9	81
Liezen	86,6	90,1	96,8	97,7	98,9	100	97,1	96	94,8	93,4	91,7
Mürzzuschlag	104,3	110,2	113,3	107,9	104,2	100	93,6	88,6	85	82,2	79,8
Murau	103,1	102,9	104,4	103	102,5	100	93,5	88,4	84,1	80,4	76,4
Radkersburg	116,4	107,2	109,3	106,7	103	100	95,2	93,8	93	92,5	91,3
Voitsberg	100,1	103,9	106,2	104,1	101,8	100	97,5	97,3	97,5	97,5	96,9
Weiz	84	86,9	91,8	93,5	96,7	100	101,8	103	104,9	106	105,8
Steiermark	93,7	96,2	101	100,3	100,1	100	102,3	104	105,7	107	107,5

Quelle: LASTAT 2012e, Berechnung auf Basis der Daten von Statistik Austria: Volkszählung 1951-2001, POPREG 1.1.2011, der ÖROK-Regionalprognose Sommer 2010

Tabelle 7 beschreibt die Entwicklung der Einwohner- und Einwohnerinnenzahlen seit 1951 und ihre Weiterentwicklung bis 2050, wobei die angeführten Zahlen entsprechende Indexzahlen sind, die sich jeweils auf die Ergebnisse der Volkszählung 2001 beziehen. Dem Großraum Graz mit Graz-Stadt, Graz-Umgebung, Leibnitz und Weiz wird eine starke Zunahme des Bevölkerungsstandes, Deutschlandsberg, Feldbach und Fürstenfeld eine schwache Zunahme prognostiziert. Alle anderen steirischen Bezirke müssen teils starke Bevölkerungsrückgänge erwarten. Vor allem die obersteirischen Bezirke und die strukturschwachen Peripheriegebiete müssen diesen Schätzungen zufolge besonders im Erwerbsalter mit starken Rückgängen rechnen. Daher wird es dort etwa ab 2020 zu einem spürbaren Mangel an potentiellen Arbeitskräften kommen.

2.2 Erwachsenenbildungsteilnahme – Ergebnisse des Mikrozensus 2003 für die Steiermark

Die folgend dargestellten Ergebnisse basieren, wie bereits angekündigt, auf der Erhebung des Mikrozensus 2003, der ein Sonderprogramm zum Lebenslangen Lernen beinhaltete. Der Mikrozensus wird seit 1967 vierteljährlich durchgeführt, wobei die Daten im Rahmen mündlicher Befragungen von etwa 1.200 Interviewern und Interviewerinnen eingeholt werden. Die Befragungen bestehen dabei zum einen aus einem gleichbleibenden Grundprogramm, das Aussagen zur Bevölkerung-, Haushalts- und Wohnungsstruktur, zur Erwerbstätigkeit und Arbeitslosigkeit beinhaltet, zum anderen aus wechselnden Sonderprogrammen. Im Rahmen des hier verwendeten Datensatzes aus dem Jahr 2003 wurde neben dem Sonderprogramm zum Lebenslangen Lernen auch das Programm der Arbeitskräfteerhebung nachgefragt. Hierzu besteht im Gegensatz zu den Grundprogrammen keine Auskunftspflicht.

Die Stichprobe des Mikrozensus 2003 resultierte mit Ausnahme der Bundesländer Wien und Vorarlberg, in denen ein einstufiges Stichprobendesign angewendet wird, aus einem zweistufigen Auswahlverfahren. Als Auswahlrahmen diente die Wohnungszählung 1991 bzw. die laufende Wohnbaustatistik. Eine Ausnahme waren die Bundesländer Wien und Vorarlberg, in denen ein einstufiges Stichprobendesign angewendet wurde.

Insgesamt wurden 0,8% der österreichischen Bevölkerung erfasst, was in etwa 60.000 Personen entspricht. Auf Gesamtösterreich bezogen, lehnten etwa 20% der befragten Personen die Beantwortung der Fragen des Sonderprogramms ab. Das Geschlecht der befragten Personen spielte dabei keine Rolle. Bezüglich des Alters zeigt sich, dass jüngere (15 bis 29 Jahre) und ältere (65 und mehr Jahre)

Personen eine höhere Verweigerungsrate (22% bis 29%) aufwiesen als Personen im mittleren Erwerbsalter. Ebenso leicht höhere Verweigerungsraten wiesen AHS-Absolventen und -Absolventinnen (21%), Absolventen und Absolventinnen einer Pflichtschule (22%) sowie Absolventen und Absolventinnen von Universitäten bzw. Hochschulen (22%) auf. In der Steiermark war die Verweigerungsquote mit 17% vergleichsweise niedrig.

2.2.1 Teilnahme an Weiterbildungsaktivitäten

Insgesamt gaben in der Steiermark im Jahr 2003 20,8% der Befragten an, in den letzten 12 Monaten an Weiterbildungsveranstaltungen teilgenommen zu haben. Damit lag die Teilnahmequote der Steiermark knapp unter dem österreichischen Durchschnitt von 21,8% (vgl. Tabelle 8). Bezogen auf die NUTS 3-Regionen zeigt sich (vgl. Tabelle 9), dass in der Steiermark die Anzahl der Personen, die angaben, während der vergangenen 12 Monate an keiner Weiterbildungsveranstaltung teilgenommen zu haben, in der östlichen Obersteiermark mit 85,0% am höchsten war, gefolgt von der West- und Südsteiermark mit 82,6%. Am geringsten war die Quote der Personen, die nicht an Weiterbildungsveranstaltungen teilgenommen hatten, in Graz mit 72,6%.

Für jene Personen, die angaben, Weiterbildungsveranstaltungen besucht zu haben, standen berufsbezogene Veranstaltungen deutlich im Vordergrund. Steiermarkweit gaben 10,4% an, ausschließlich berufliche Kurse besucht zu haben, 6,5% besuchten private Kurse und 3,9% gaben an, sowohl private als auch berufliche Kurse besucht zu haben. Im Vergleich zu den anderen österreichischen Bundesländern zeigt sich ein Überhang von Personen, die sich sowohl beruflich als auch privat weitergebildet haben, während die rein berufliche Weiterbildung in der Steiermark weniger stark vertreten war als in anderen Bundesländern.

Tabelle 8: Weiterbildungsteilnahme nach Bundesland

	Steiermark	andere Bundesländer	Gesamt
beruflich und privat	3,90%	2,50%	2,70%
beruflich	10,40%	12,10%	11,90%
privat	6,50%	7,30%	7,20%
keine Weiterbildung	79,20%	78,10%	78,20%
	100,00%	100,00%	100,00%

Quelle: eigene Darstellung und Berechnung auf Basis der Daten von Statistik Austria 2004

Im Vergleich der NUTS 3-Regionen stellt sich die Region Liezen als auffällig dar (vgl. Abbildung 5). Während in allen anderen Regionen analog zu den österreichischen Ergebnissen die berufliche Weiterbildung vor der privaten dominierte, bildeten sich in der Region Liezen im Jahr 2003 mehr Menschen privat bzw. beruflich und privat als rein beruflich fort.

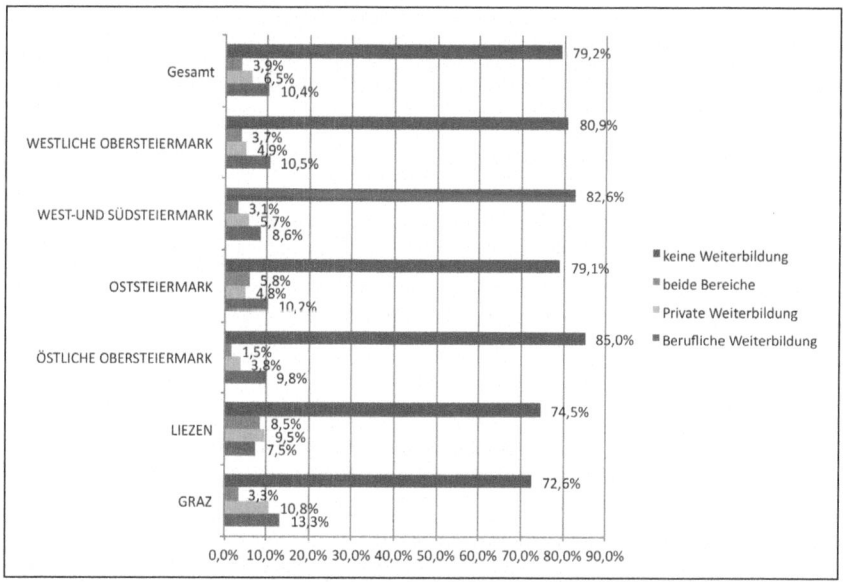

Abbildung 5: Weiterbildungsteilnahme nach NUTS 3-Regionen (Quelle: eigene Darstellung und Berechnung auf Basis der Daten von Statistik Austria 2004)

2.2.2 Teilnahme an Weiterbildungsaktivitäten nach Geschlecht

Bei Analyse der Teilnahmequote nach Geschlecht zeichnen sich lediglich geringfügige Unterschiede ab. Während Männer in der Steiermark im Jahr 2003 zu 22,1% an Weiterbildungsveranstaltungen teilnahmen, taten dies 19,5% der Frauen. Dieser Unterschied entspricht der gesamtösterreichischen Verteilung (Männer 23,1% : Frauen 20,5%). Von den knapp 20% der steirischen Frauen, die 2003 an Weiterbildungsveranstaltungen teilnahmen, besuchten 9,1% rein berufliche, 7,2% private und 3,3% sowohl berufliche als auch private Weiterbildungen. Demgegenüber nahmen 11,8% der steirischen Männer an beruflichen, 5,8% an privaten und 4,6% sowohl an privaten als auch an beruflichen Veranstaltungen teil. Wird die (Nicht-)Erwerbstätigkeit berücksichtigt, nivellieren sich die Geschlechtsunterschiede jedoch zum größten Teil. Nicht erwerbstätige Frauen und Männer nahmen gleich häufig an allen Arten von Weiterbildungsveranstaltungen teil und auch bei den Erwerbstätigen nahmen Frauen und Männer gleich häufig an rein beruflichen sowie sowohl beruflichen als auch privaten Weiterbildungsveranstaltungen teil. Lediglich bei den rein privaten Weiterbildungsveranstaltungen zeigt sich ein leichter Überhang der Frauen mit 6,3% gegenüber den Männern mit 4,8%.

2.2.3 Teilnahme an Weiterbildungsaktivitäten nach Alter

Deutliche Unterschiede im Weiterbildungsverhalten zeigen sich im Jahr 2003 nach den verschiedenen Altersstufen. So spielte der Kursbesuch im jungen und mittleren Alter eine große Rolle, nahm nach dem 45 Lebensjahr jedoch stetig ab. Im Vergleich zu Gesamtösterreich zeigt sich innerhalb der jüngsten Alterskohorten ein deutlicher Unterschied. Während gesamtösterreichisch betrachtet, in den Altersgruppen der 15- bis 19-Jährigen sowie der 20- bis 24-Jährigen 27% bzw. 28% im Jahr 2003 an Weiterbildungsveranstaltungen teilnahmen und der Grad der Teilnahme bis zum 45. Lebensjahr anstieg und erst danach zu sinken begann, zeichneten sich die steirischen Jugendlichen durch eine sehr hohe Teilnahmequote aus. So gaben 37,2% der 15- bis 19-Jährigen und damit 10% mehr als der österreichische Durchschnitt an, an Kursen teilzunehmen, und auch in der Altersgruppe der 20- bis 24-Jährigen lag die Teilnahmequote 2003 mit 32,1% über dem österreichischen Schnitt. Bei genauerer Analyse der jüngsten Altersgruppe der 15- bis 19-Jährigen, die so häufig an privaten Weiterbildungsveranstaltungen teilnahm, zeigt sich, dass es sich hierbei vor allem um Personen handelte, die noch die Schule besuchten, darunter überdurchschnittlich viele Schüler und Schülerinnen der AHS-Oberstufe.

Bei Betrachtung der Teilnahmequoten (vgl. Abbildung 6) nach unterschiedlichen Formen der Weiterbildung war zu erkennen, dass 2003 die jüngeren Altersgruppen vor allem verstärkt an privaten Kursen teilnahmen. Ab dem 25. Lebensjahr bewegte sich die Teilnahme an privaten Kursen zwischen 5% und 7%, wobei keine spezifischen Entwicklungen im Altersverlauf feststellbar waren. Die Verteilung der Teilnahmequote an den berufsbezogenen Kursen folgte dem durchschnittlichen gesamtösterreichischen Verlauf. So spielte die rein berufliche Weiterbildung in der Gruppe der 15- bis 19-Jährigen, die sich zum Teil noch in der formalen Erstausbildung befand, eine geringe Rolle. Lediglich 8,1% dieser

Altersgruppe nahm im Jahr 2003 an derartigen Kursen teil. Ab 20 Jahren gewannen berufsbezogene Kurse deutlich an Relevanz. So gaben 15% bis 18% der Personen zwischen 20 und 45 Jahren an, ausschließlich berufsbezogene Kurse besucht zu haben. Ab 45 Jahren war wiederum eine stark fallende Tendenz ersichtlich. So scheint zum Zeitpunkt der Erhebung berufsbezogene Weiterbildung im späteren Erwebsleben eine untergeordnete Rolle gespielt zu haben. Für die letzten Altersgruppen der ab 60-Jährigen, die hauptsächlich aus Pensionisten und Pensionistinnen besteht, hatte die berufsbezogene Weiterbildung keinerlei Relevanz.

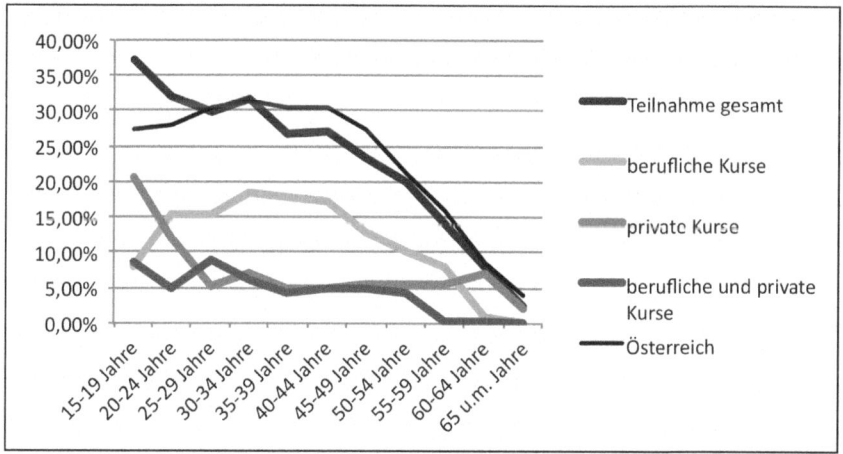

Abbildung 6: Teilnahme an Weiterbildungsaktivitäten nach Alter (Quelle: eigene Darstellung und Berechnung auf Basis der Daten von Statistik Austria 2004)

Die steirischen Erwerbstätigen lagen 2003 mit 29,3% der Teilnehmenden an Weiterbildungskursen beinahe 10% über der allgemeinen Weiterbildungsquote der österreichischen Bevölkerung ab 15 Jahren. Vorwiegend besuchten die Erwerbstätigen berufliche Kurse (17,6%), weitere 6,3% nahmen sowohl an beruflichen wie privaten und 5,4% ausschließlich an privaten Schulungen teil. Personen, die zum Zeitpunkt der Befragung arbeitslos waren, gaben zu 22,4% an, an Weitbildungsveranstaltungen teilzunehmen, wobei auch hier der Großteil mit 14,7% auf berufsbezogene Kurse entfiel (private Kurse: 2,9%; sowohl berufliche als auch private Kurse: 4,8%). Von den ausschließlich weiblichen Personen, die sich in Karenzurlaub befanden, nahmen 18,5% an Weiterbildungsveranstaltungen teil, wobei der Schwerpunkt mit 9,2% auf privaten Schulungen lag (beruflich: 6,0%, sowohl beruflich als auch privat: 3,3%).

2.2.4 Teilnahme an Weiterbildungsaktivitäten nach höchster abgeschlossener Ausbildung

Die Bedeutung von Weiterbildung nimmt mit der Höhe der abgeschlossenen Schulbildung stetig zu. Die höchste abgeschlossene Schulbildung ist, wie in zahlreichen Studien (vgl. Egger 2006) gezeigt wurde, einer der wichtigsten Faktoren für die Teilnahme an Weiterbildungsveranstaltungen. In der Steiermark stieg die Weiterbildungsquote, wie in Abbildung 7 ersichtlich, im Jahr 2003 von 10,6% bei Personen mit Pflichtschulabschluss auf über 40,5% bei Personen aus Allgemeinbildenden Höheren Schulen bis auf 52,1% bzw. 48,2% bei Personen mit den höchst möglichen Bildungsabschlüssen.

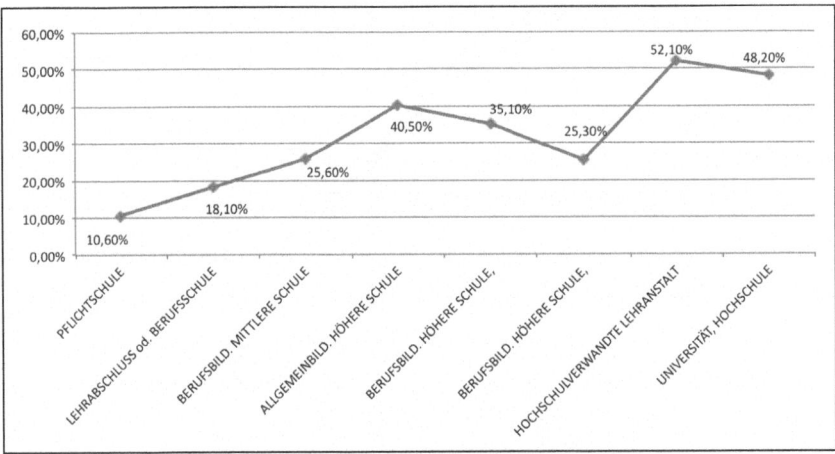

Abbildung 7: Teilnahme nach höchster abgeschlossener Ausbildung (Quelle: eigene Darstellung und Berechnung auf Basis der Daten von Statistik Austria 2004)

Abbildung 8 zeigt zudem in der Feinanalyse auf, welche Arten von Veranstaltungen vorwiegend besucht wurden. In den Bevölkerungsgruppen mit niedriger formaler Ausbildung stellte die private Weiterbildung den Schwerpunkt der Weiterbildungsaktivitäten dar. Bei den darauffolgenden Qualifikationsstufen zeigt sich eine Zunahme der Wichtigkeit der beruflichen Weiterbildung. Lediglich die Absolventen und Absolventinnen von Allgemeinbildenden Höheren Schulen stellen in diesem Trend eine Ausnahme dar. Bei ihnen waren private Weiterbildungen die am häufigsten frequentierten Veranstaltungen.

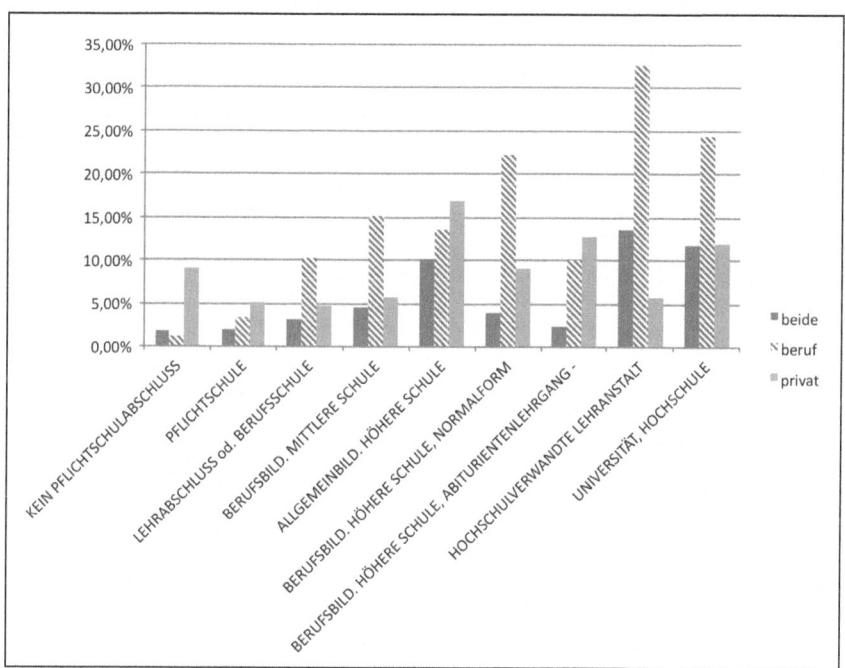

Abbildung 8: Teilnahme nach höchster abgeschlossener Ausbildung – Feinanalyse (Quelle: eigene Darstellung und Berechnung auf Basis der Daten von Statistik Austria 2004)

Bei der Teilnahme nach höchster abgeschlossener Ausbildung nach Geschlecht zeigt sich, dass mehr Männer als Frauen ohne bzw. mit Pflichtschulabschluss sowie mit Lehre an Weiterbildungsveranstaltungen teilnahmen, bei Personen mit Matura gleichen sich die Geschlechterdifferenzen an (vgl. Abbildung 9). Dagegen nahmen mehr Frauen als Männer unter den Personen mit den höchsten formalen Bilungsabschlüssen an Weiterbildungsveranstaltungen teil.

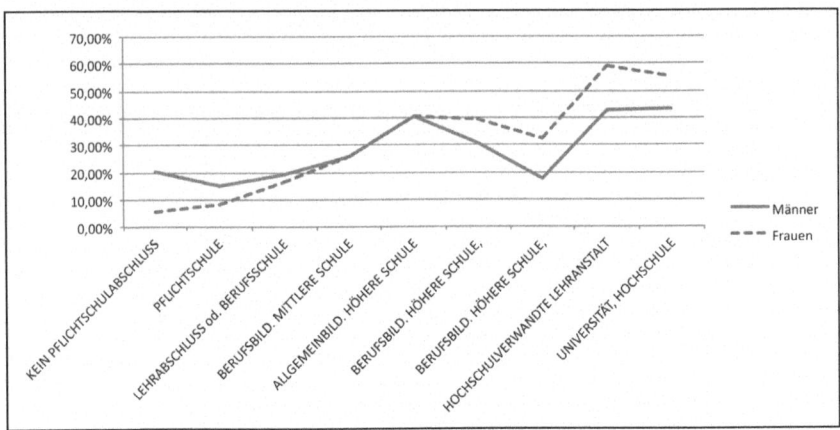

Abbildung 9: Teilnahme nach höchster abgeschlossener Ausbildung und Geschlecht (Quelle: eigene Darstellung und Berechnung auf Basis der Daten von Statistik Austria 2004)

Während der Anteilswert der weiterbildungsaktiven Steirerinnen und Steirer mit österreichischer Staatsbürgerschaft im Jahr 2003 bei 20,9% lag, bildeten sich bei Personen ohne österreichische Staatsbürgerschaft, die zum Zeitpunkt der Erhebung in der Steiermark lebten, 16,7% non-formal weiter. Im Vergleich zu den Steirern und Steierinnen mit österreichischer Staatsbürgerschaft, die sich schwerpunktmäßig beruflich weiterbildeten (10,6% beruflich; 6,4% privat; 4,0% beide Bereiche), bildeten sich Personen ohne österreichische Staatsbürgerschaft verstärkt privat weiter (5,3 beruflich; 9,8% privat; 1,7% beide Bereiche).

2.2.5 *Ausbildungsbereiche des non-formalen Lernens*

Die Weiterbildungsinteressen der Steirer und Steirerinnen zeigen sich in der Frage nach dem Ausbildungsbereich des zuletzt besuchten Kurses innerhalb der letzten 12 Monate. Am beliebtesten waren 2003 Kurse aus dem Dienstleistungsbereich. So gaben 19% an, einen Kurs aus diesem Bereich besucht zu haben. Häufig besucht wurden auch Kurse aus dem Bereich Sozialwissenschaft, Wirtschaft und Recht (14%) sowie Computerbedienungskurse (13%), Kurse aus dem Gesundheits- und Sozialwesen (13%) und Kurse aus dem Bereich Ingenieurwesen, Verarbeitendes Gewerbe und Baugewerbe (13%). Auch Fremdsprachenkurse und Kurse aus dem Bereich Geisteswissenschaften und Künste wurden mit jeweils etwa 8% häufig belegt, gefolgt von Kursen aus dem Bereich Allgemeine

Bildungsgänge, die von 6% zuletzt besucht wurden. Die weiteren abgefragten Ausbildungsbereiche (Landwirtschaft, Erziehung, Informatik, Exakte Naturwissenschaften, Biowissenschaften) lagen im Jahr 2003 alle unter 5%. Im Vergleich zum österreichischen Gesamtdurchschnitt gestaltete sich das Ranking der Ausbildungsbereiche der zuletzt besuchten Kurse in der Steiermark sehr ähnlich. In Österreich lag im Vergleich zur Steiermark der Bereich Fremdsprachen vor dem Bereich Ingenieurwesen, Verarbeitendes Gewerbe und Baugewerbe. Weiters lag der Bereich Allgemeine Bildungsgänge in Österreich im Vergleich zur Steiermark vor dem Bereich Geisteswissenschaft und Künste.

Im Geschlechtervergleich fällt auf, dass vor allem in den Bereichen Dienstleistungen sowie Ingenieurwesen, Verarbeitendes Gewerbe und Baugewerbe Männer überdurchschnittlich stark vertreten waren. Während 17% der Frauen angaben, zuletzt einen Kurs im Bereich Dienstleistungen besucht zu haben, waren es bei den Männern 20%. Im Bereich Ingenieurwesen, Verarbeitendes Gewerbe und Baugewerbe standen 6% Frauen 19% Männern gegenüber. Eher weiblich dominiert zeigen sich hingegen die Bereiche Gesundheits- und Sozialwesen (15% Frauen; 11% Männer), Fremdsprachen (11% Frauen; 6% Männer) sowie Geisteswissenschaften und Künste (9% Frauen; 6% Männer).

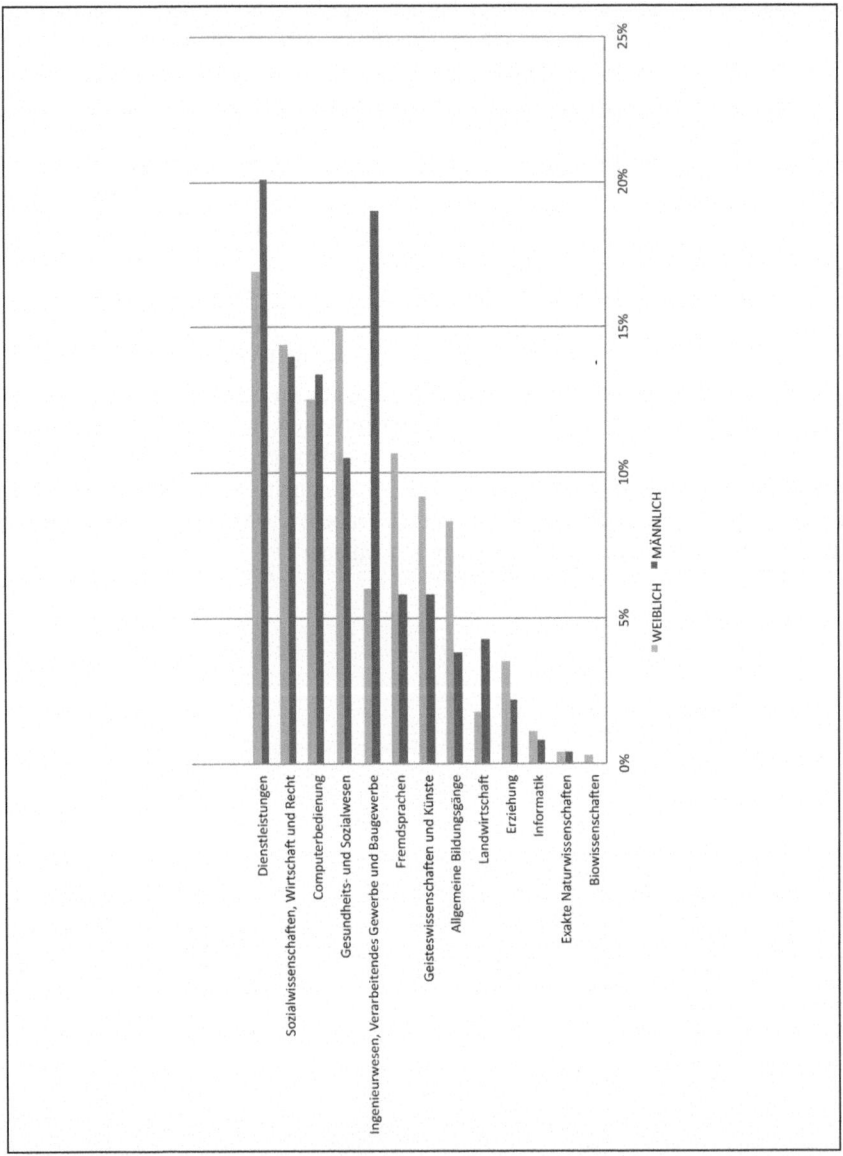

Abbildung 10: Ausbildungsbereiche nach Geschlecht (Quelle: eigene Darstellung und Berechnung auf Basis der Daten von Statistik Austria 2004)

Um die regionsspezifischen Besonderheiten auszumachen, wurden die verschiedenen Ausbildungsbereiche des zuletzt besuchten Kurses in den steirischen NUTS 3-Regionen verglichen. Es zeigt sich, dass die Weiterbildungspräferenzen nicht nur von soziodemographischen Merkmalen wie dem Geschlecht beeinflusst werden, sondern auch von der Herkunftsregion. Als über- oder unterdurchschnittlich wurden Zellen mit standardisierten Residuen von größer/kleiner 20 interpretiert.

In der Region Graz wurden mit 10% im Vergleich zur gesamten Steiermark (6%) im Jahr 2003 überdurchschnittlich häufig Kurse aus dem Bereich Allgemeine Bildungsgänge zuletzt besucht. Ebenfalls überdurchschnittlich häufig wurden in der Region Graz die Bereiche Gesundheits- und Sozialwesen (18%; Steiermark: 13%) sowie Fremdsprachen (12%; Steiermark: 8,2%) belegt. Deutlich weniger häufig als im steiermärkischen Gesamtdurchschnitt wurden in der Region Graz zuletzt Kurse aus den Bereichen Sozialwissenschaften, Wirtschaft und Recht (8,8%; Steiermark: 14,2%), Landwirtschaft (1,2%; Steiermark 3%) und Computerbedienung (10,1%; Steiermark: 13%) besucht. In den weiteren abgefragten Ausbildungsbereichen unterschied sich die Region Graz im Jahr 2003 nicht wesentlich vom steiermärkischen Durchschnitt.

Die Region Liezen zeichnete sich durch einen überdurchschnittlichen Anteil an zuletzt besuchten Kursen aus dem Bereich Dienstleistungen (30%; Steiermark: 18,5%) und einen ebenfalls überproportionalen Anteil an zuletzt besuchten Kursen aus dem Bereich Landwirtschaft (6,2%; Steiermark: 3%) aus. Unterdurchschnittlich belegt waren in Liezen Kurse aus dem Bereich Gesundheits- und Sozialwesen (5,9%; Steiermark: 12,7%) und dem Bereich Erziehung, in dem es laut Mikrozensusdaten 2003 zu keiner Kursbelegung kam.

Die Region östliche Obersteiermark zeichnete sich 2003 durch einen stark überproportionalen Anteil an zuletzt belegten Kursen aus dem Bereich Sozialwissenschaften, Wirtschaft und Recht aus (22,9%). Unterdurchschnittlich wurden in der östlichen Obersteiermark Kurse aus den Bereichen Gesundheits- und Sozialwesen (7,1%) sowie Geisteswissenschaften und Künste (7,2%) besucht.

Die Region Oststeiermark war 2003 charakterisiert durch einen leicht überdurchschnittlichen Anteil an zuletzt belegten Kursen aus dem Bereich Computerbedienung (17,8%) sowie einem leicht unterdurchschnittlichen Anteil zuletzt belegter Kurse aus dem Bereich Geisteswissenschaften und Künste (5%). Ansonsten lag die Oststeiermark weitgehend im gesamtsteiermärkischen Schnitt.

Die Region West- und Südsteiermark fiel 2003 durch einen deutlich überproportionalen Anteil zuletzt belegter Kurse aus dem Bereich Geisteswissenschaften und Künste (13,%) auf. Unterdurchschnittlich oft belegt wurden in der West- und Südsteiermark Kurse aus dem Bereich Dienstleistungen (14,2%).

Die Region westliche Obersteiermark charakterisierte sich durch einen stark überdurchschnittlichen Anteil an zuletzt belegten Kursen im Bereich Landwirtschaft (13,6%) sowie deutlich unterdurchschnittlichen Belegungen in den Bereichen Ingenieurwesen, Verarbeitendes Gewerbe und Baugewerbe (6,3%), Fremdsprachen (3,6%) und Allgemeine Bildungsgänge (1,6%).

Tabelle 9: Ausbildungsbereiche nach Regionen: Spaltenprozente

	Graz	Liezen	ÖO-STMK	OST-STMK	WS-STMK	WO-STMK	STMK Gesamt
Dienstleistungen	16,7%	30,0%	20,5%	20,2%	14,2%	16,2%	18,5%
Sozialwissenschaften, Wirtschaft und Recht	8,8%	17,1%	22,9%	12,5%	16,9%	18,3%	14,2%
Computerbedienung	10,1%	9,5%	15,6%	17,8%	12,0%	10,9%	13,0%
Gesundheits- und Sozialwesen	17,9%	5,9%	7,1%	10,4%	13,1%	13,8%	12,7%
Ingenieurwesen, Verarbeitendes Gewerbe und Baugewerbe	11,6%	13,0%	10,3%	14,4%	16,0%	6,3%	12,6%
Fremdsprachen	12,1%	4,5%	7,7%	8,2%	5,7%	3,2%	8,2%
Geisteswissenschaften und Künste	7,2%	10,1%	3,2%	5,0%	13,0%	7,1%	7,5%
Allgemeine Bildungsgänge	10,0%	3,0%	6,7%	4,7%	4,0%	1,6%	6,0%
Landwirtschaft	1,2%	6,2%	0,9%	3,0%	1,4%	13,6%	3,0%
Erziehung	2,9%	-	4,6%	2,7%	1,7%	5,1%	2,8%
Informatik	0,8%	0,8%	0,6%	0,7%	0,5%	4,0%	1,0%
Exakte Naturwissenschaften	0,4%	-	-	-	1,4%	-	0,4%
Biowissenschaften	0,3%	-	-	0,3%	-	-	0,2%
Gesamt	100,0%	100,0%	100,0%	100,0%	100,0%	100,0%	100,0%

Quelle: eigene Darstellung und Berechnung auf Basis der Daten von Statistik Austria 2004

Die am häufigsten genannten Ausbildungsbereiche variieren etwas, wenn man die Angaben zu den vorletzt- und vorvorletzt besuchten Kursen der letzten 12 Monate betrachtet.

Tabelle 10: Ausbildungsbereich des vorletzten besuchten Kurses

	Steiermark	Österreich
Sozialwissenschaften, Wirtschaft und Recht	20,3	19,1
Gesundheits- und Sozialwesen	17,5	14,6
Dienstleistungen	15,8	15,2
Computerbedienung	10,6	14,5
Ingenieurwesen, Verarbeitendes Gewerbe und Baugewerbe	7,9	6,9
Allgemeine Bildungsgänge	7,6	8,4
Geisteswissenschaften und Künste	7,3	6,4
Fremdsprachen	6,7	6,9
Erziehung	2,1	3,5
Landwirtschaft	2,1	2,2
Informatik	1	1,7
Biowissenschaften	0,6	0,2
Exakte Naturwissenschaften	0,5	0,4

Quelle: eigene Darstellung und Berechnung auf Basis der Daten von Statistik Austria 2004

Tabelle 11: Ausbildungsbereich des vorvorletzten besuchten Kurses

	Steiermark	Österreich
Gesundheits- und Sozialwesen	22,6	15,4
Sozialwissenschaften, Wirtschaft und Recht	18,5	19,8
Allgemeine Bildungsgänge	11,6	10,4
Computerbedienung	10,8	14,8
Dienstleistungen	10,6	14,4
Geisteswissenschaften und Künste	7,1	6,9
Ingenieurwesen, Verarbeitendes Gewerbe und Baugewerbe	6,4	5,2
Landwirtschaft	3,6	2,1
Erziehung	3,3	3,4
Fremdsprachen	2,6	4,2
Mathematik und Statistik	2	0,6
Biowissenschaften	0,6	0,3
Informatik	0,3	1,7
Exakte Naturwissenschaften	0	0,5
nicht bekannt	0	0,2

Quelle: eigene Darstellung und Berechnung auf Basis der Daten von Statistik Austria 2004

Hinsichtlich der Gründe, aus denen der letzte Kurs besucht wurde, gilt für die Steiermark genauso wie für Österreich, dass im Jahr 2003 zwei Drittel der Kurse aus beruflichen Gründen belegt wurden, während ein Drittel der Kursbesuche private Gründe hatte. Im Geschlechtervergleich zeigt sich, dass beruflich motivierte Kursbelegungen bei Männern im Vergleich zu Frauen noch mehr überwogen. Während 71,7% der Männer den letzten Kurs aus beruflichen Gründen besucht hatten, waren es bei den Frauen 61,4%.

Eine deutlich stärkere berufliche Motivation ist im Jahr 2003 bei den zuletzt besuchten Kursen in den Bereichen Sozialwissenschaften, Wirtschaft und Recht (87,2%), Erziehung (86,2%) und technisch-gewerbliche Schulungen (93%) feststellbar. Auch Kurse aus dem Gesundheits- und Sozialwesen (80%) sowie Computerbedienkurse (75%) wurden hauptsächlich aus beruflichen Gründen gewählt.

Wie im Österreichschnitt wurden auch in der Steiermark 2003 bemerkenswerterweise Fremdsprachenkurse mit 76,1% überwiegend aus privaten und nicht aus beruflichen Motiven belegt. Ebenfalls überdurchschnittlich oft aus privaten

Gründen wurden mit 67,7% Kurse aus dem Bereich Geisteswissenschaften und Künste besucht.

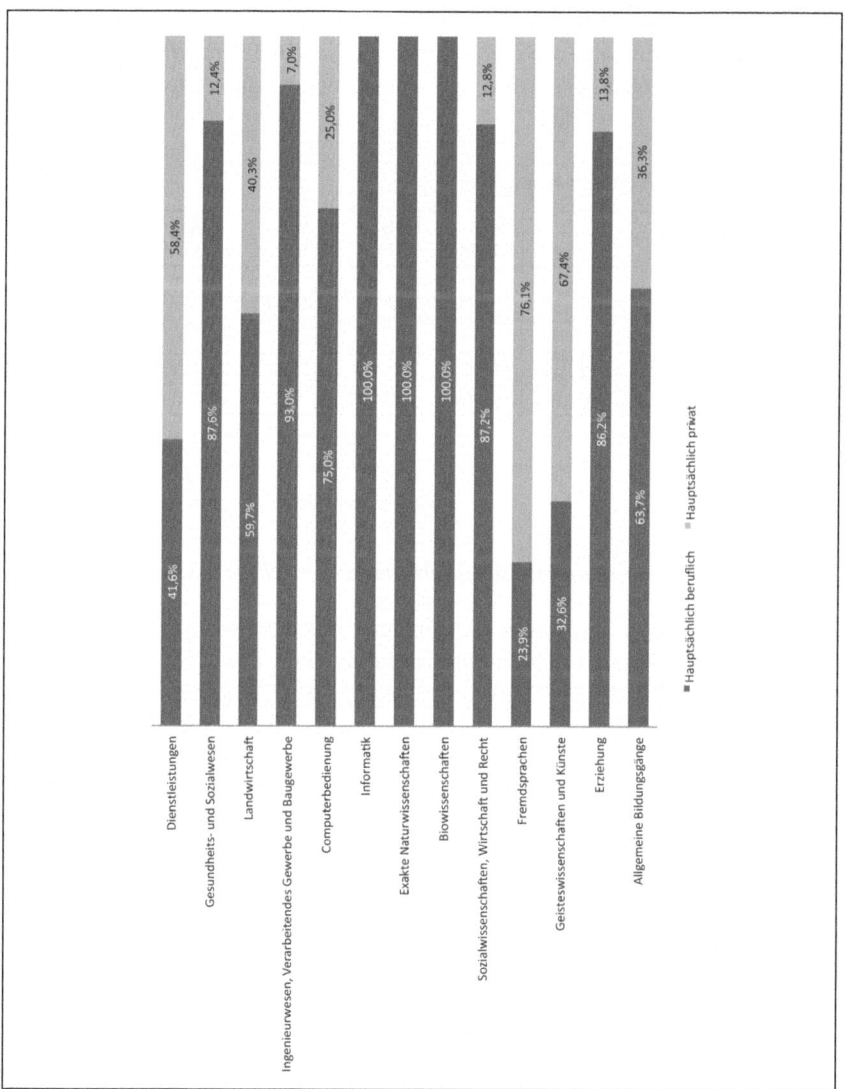

Abbildung 11: Ausbildungsbereiche nach Gründen (Quelle: eigene Darstellung und Berechnung auf Basis der Daten von Statistik Austria 2004

Bei Betrachtung der Gründe für den letzten Kursbesuch im regionalen Kontext zeigt sich, dass im Jahr 2003 in der Region Graz private Gründe mit 38,6% überdurchschnittlich häufig genannt wurden. Während die Regionen Liezen, Oststeiermark und West- und Südsteiermark nicht wesentlich vom steiermärkischen Durschnitt abwichen, waren in den Regionen östliche Obersteiermark mit 76,8% und westliche Obersteiermark mit 72,2% überproportionale Anteile von beruflichen Motivationen feststellbar.

Tabelle 12: Motive nach Regionen

	Graz	Liezen	ÖO-STMK	OST-STMK	WS-STMK	WO-STMK	Gesamt
Hauptsächlich beruflich	61,4%	66,4%	76,8%	67,7%	64,9%	72,5%	66,6%
Hauptsächlich privat	38,6%	33,6%	23,2%	32,3%	35,1%	27,5%	33,4%
	100,0%	100,0%	100,0%	100,0%	100,0%	100,0%	100,0%

Quelle: eigene Darstellung und Berechnung auf Basis der Daten von Statistik Austria 2004

2.2.6 Anzahl der in den letzten 12 Monaten besuchten Kurse

Die Frage nach der Anzahl der besuchten Kurse in den letzten 12 Monaten ist ein Indikator für das Ausmaß an Weiterbildungsaktivitäten. Die Mehrzahl der Steirer und Steirerinnen (58,9%) gab 2003 an, in den letzten 12 Monaten nur einen Kurs besucht zu haben. Weitere 18% besuchten zwei Kurse, 9,5% besuchten drei Kurse und 13,3% gaben an, mehr als drei Kurse besucht zu haben. Diese Verteilung ist mit jener von Gesamtösterreich im Jahr 2003 vergleichbar. Im Geschlechtervergleich zeigen sich keine wesentlichen Unterschiede in der Anzahl der besuchten Kurse. Unterschiede sind hingegen hinsichtlich anderer soziodemographischer Merkmale wie Alter und Schulbildung feststellbar. Die Anzahl der Teilnahmen an mehr als nur einem Kurs war 2003 bei Personen der mittleren Alterskohorte größer als bei jüngeren und älteren Personen. Die Teilnahme an nur einem einzigen Kurs war in der Altersgruppe der 20- bis 24-Jährigen mit 70,8% recht stark ausgeprägt und in der Altersgruppe der über 65-Jährigen mit 73,8% am stärksten. In Bezug auf die höchste abgeschlossene Bildung zeigt sich, dass die Teilnahme an mehr als nur einem Kurs im Jahr 2003 eher bei Personen mit höheren Bildungsabschlüssen zu finden war. Die Gruppe ohne Bildungsabschluss besuchte mit 72,2% am häufigsten nur einen Kurs. Dies ist im Vergleich zur gesamten Steiermark mit

58,9% deutlich überdurchschnittlich. Ebenfalls überdurchschnittlich oft besuchten die Gruppe der Pflichtschüler und Pflichtschülerinnen (66%) sowie Personen mit Lehr- bzw. Berufsschulabschluss (64,6%) nur einen einzigen Kurs.

Tabelle 13: Anzahl der besuchten Kurse in den letzten 12 Monaten nach Bildungsabschluss

	Kein Abschluss	Pflichtschule	Lehre/ Berufsschule	BMS	Matura	Uni	Gesamt
1	72,2%	66,0%	64,6%	51,6%	56,3%	47,8%	58,9%
2	13,0%	18,1%	17,3%	19,3%	17,8%	20,6%	18,2%
3	14,8%	9,0%	10,3%	10,3%	9,3%	7,9%	9,5%
Mehr als 3	-	6,9%	7,7%	18,8%	16,7%	23,7%	13,3%
	100,0%	100,0%	100,0%	100,0%	100,0%	100,0%	100,0%

Quelle: eigene Darstellung und Berechnung auf Basis der Daten von Statistik Austria 2004

Tabelle 14: Anzahl der Kurse nach Erwerbsstatus

	Erwerbstätig	Karenzurlaub	Arbeitslos	Pensionist/in, Rentner/in	ausschließlich Haushaltsführend	Schüler/in, Student/in	Sonstige Personengruppe	Gesamt
1	55,1%	72,9%	77,7%	70,6%	89,0%	62,3%	61,9%	58,9%
2	19,3%	21,9%	12,2%	15,2%	6,0%	18,6%	15,1%	18,2%
3	10,0%	5,2%	6,3%	8,8%	3,2%	10,3%	7,2%	9,5%
Mehr als 3	15,7%	-	3,8%	5,4%	1,8%	8,8%	15,8%	13,3%
	100,0%	100,0%	100,0%	100,0%	100,0%	100,0%	100,0%	100,0%

Quelle: eigene Darstellung und Berechnung auf Basis der Daten von Statistik Austria 2004

Bei Betrachtung des Erwerbsstatus zeigt sich, dass vor allem von ausschließlich haushaltsführenden Personen nur ein einziger Kurs besucht wurde (89%). Für die Steiermark ist festzustellen, dass alle Gruppen mit Ausnahme der Erwerbstätigen mehr oder weniger stark über dem Durchschnitt im Jahr 2003 nur einen einzigen Kurs besucht haben. Bei dieser Gruppe ist aber auch eine leichte

Tendenz erkennbar, häufiger als der Gesamtdurchschnitt mehr als einen Kurs zu besuchen. Hinsichtlich der steirischen Regionen zeigt sich, dass vor allem in den Regionen Liezen und Graz überdurchschnittlich häufig nur ein einziger Kurs in den letzten 12 Monaten besucht wurde. In Liezen waren es 72,7% und in Graz 65,4%, während der steiermärkische Durchschnitt im Jahr 2003 bei 58,9% lag. Liezen war auch deutlich unterdurchschnittlich bei der Belegung von drei oder mehr Kursen. Die östliche Obersteiermark wich hinsichtlich der Anzahl der besuchten Kurse nicht wesentlich vom Durchschnitt ab. In der Oststeiermark sowie in der West- und Südsteiermark zeigten sich Tendenzen zu häufigerem Besuch von mehr als nur einem Kurs. In der westlichen Obersteiermark wurden überdurchschnittlich oft und im Vergleich am häufigsten mehr als drei Kurse besucht (19,5%). Gleichzeitig war in dieser Region aber auch der Besuch von nur einem Kurs leicht überdurchschnittlich (62,6%).

Tabelle 15: Anzahl der besuchten Kurse in den letzten 12 Monaten nach Region

	Graz	Liezen	ÖO-STMK	OST-STMK	WS-STMK	WO-STMK	Gesamt
1	65,4%	72,7%	61,2%	47,2%	55,0%	62,6%	58,9%
2	16,9%	16,7%	21,2%	17,7%	23,0%	11,7%	18,2%
3	6,4%	3,3%	8,5%	19,9%	5,5%	6,2%	9,5%
Mehr als 3	11,3%	7,4%	9,1%	15,2%	16,6%	19,5%	13,3%
	100,0%	100,0%	100,0%	100,0%	100,0%	100,0%	100,0%

Quelle: eigene Darstellung und Berechnung auf Basis der Daten von Statistik Austria 2004

2.2.7 Zeitlicher Aufwand für Weiterbildung

Ein Indikator für die Bereitschaft, Zeit in Weiterbildung zu investieren, stellt die Frage dar, ob der belegte Kurs in der bezahlten Arbeitszeit oder in der persönlichen Freizeit stattfand (vgl. Abbildung 12). Wie auch für Gesamtösterreich zeigte sich 2003 in der Steiermark, dass Kurse hauptsächlich in der Freizeit besucht wurden. 40,1% besuchten ausschließlich während ihrer Freizeit Kurse und 12% nutzten für den Kursbesuch überwiegend die Freizeit. 28,9% gaben an, dass ihr letzter Kurs ausschließlich in der Arbeitszeit erfolgte, und für 9,1% fand der letzte Kursbesuch überwiegend in der Arbeitszeit statt.

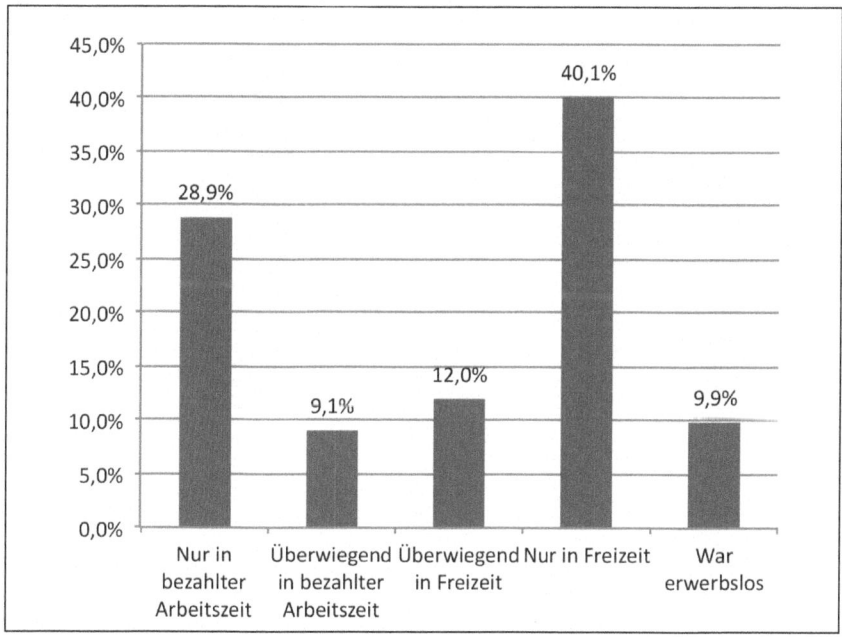

Abbildung 12: Stattfinden des letzten Kurses in Arbeits- oder Freizeit (Quelle: eigene Darstellung und Berechnung auf Basis der Daten von Statistik Austria 2004)

Im Geschlechtervergleich wird deutlich, dass Männer häufiger als Frauen Kurse in der bezahlten Arbeitszeit besuchten (vgl. Abbildung 13). So besuchten 2003 etwa 33,5% der Männer, aber nur 24% der Frauen ihren letzten Kurs ausschließlich in der Arbeitszeit, während 36,8% der Männer, aber 43,6% der Frauen den letzten Kurs ausschließlich in der Freizeit besuchten. Die geschlechtliche Ungleichverteilung kann nicht zuletzt auch darauf zurückgeführt werden, dass mit 14% deutlich mehr Frauen als Männer (6%) zum Zeitpunkt ihres letzten Kursbesuches erwerbslos waren.

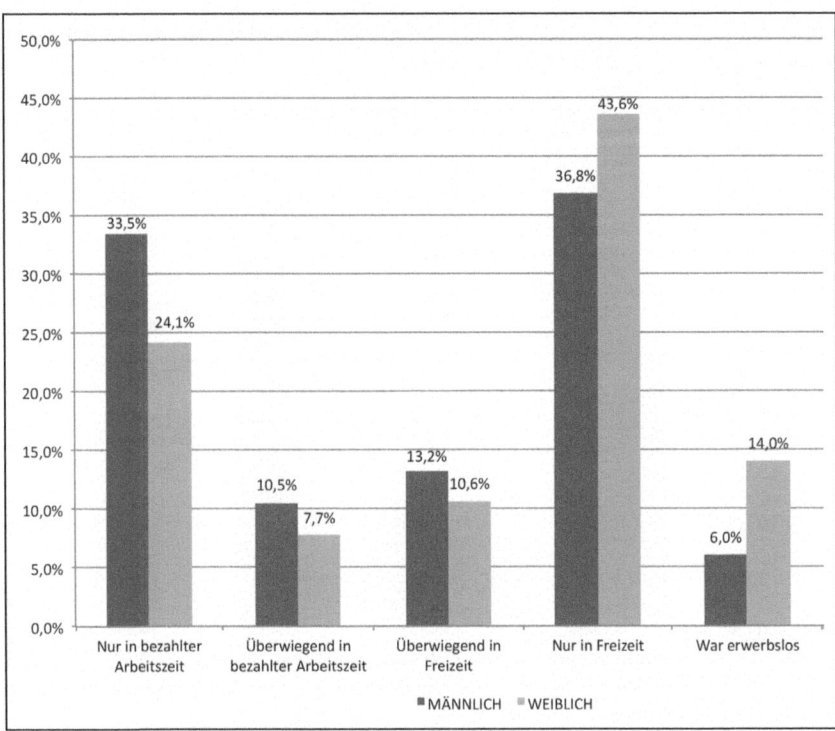

Abbildung 13: Stattfinden des letzten Kurses in Arbeits- oder Freizeit nach Geschlecht (Quelle: eigene Darstellung und Berechnung auf Basis der Daten von Statistik Austria 2004)

Betrachtet man die Frage, ob der letzte Kurs in der Arbeits- oder in der Freizeit stattgefunden hat, differenziert nach Regionen, zeigt sich folgendes Bild: In den Regionen Graz, Liezen und Oststeiermark sind für das Jahr 2003 kaum Besonderheiten auszumachen. Graz tendierte im Vergleich zu den anderen Regionen etwas stärker zur Kategorie „Überwiegend in bezahlter Arbeitszeit", während in Liezen eine relative Tendenz zur Kategorie „Überwiegend in Freizeit" bestand. Die Oststeiermark wich in dieser Hinsicht nicht nennenswert vom steiermärkischen Gesamtdurchschnitt ab. Deutlicher sind die Besonderheiten in den anderen Regionen. In der östlichen Obersteiermark wurden mit 38% im Vergleich zu den anderen Regionen und damit auch überproportional Kurse ausschließlich in der bezahlten Arbeitszeit besucht, während die Erwerbslosigkeit unter den Kursbesuchern und Kursbesucherinnen vergleichsweise am geringsten war (5,7%). In der

West- und Südsteiermark lässt sich für den Erhebungszeitpunkt eine deutliche Tendenz von Kursbesuchen in der bezahlten Arbeitszeit erkennen. Hier besuchten im Jahr 2003 35,1% und damit deutlich mehr als der Durchschnitt den letzten Kurs ausschließlich in der bezahlten Arbeitszeit, während nur 34,5% den letzten Kurs ausschließlich in der Freizeit besuchten. In der westlichen Obersteiermark hingegen ging der Trend deutlich in Richtung Kursbesuch in der Freizeit. Während sowohl die Kategorien „Nur in bezahlter Arbeitszeit" (16,7%) und „Überwiegend in bezahlter Arbeitszeit" (3,1%) deutlich unterrepräsentiert waren, waren sowohl die Kategorie „Überwiegend in Freizeit" (17,2%) und „Nur in Freizeit" (50,6%) deutlich überproportional vertreten.

Tabelle 16: Tab. 16: Stattfinden des letzten Kurses in Arbeits- oder Freizeit nach Region

	Graz	Liezen	ÖO-STMK	OST-STMK	WS-STMK	WO-STMK	Gesamt
Nur in bezahlter Arbeitszeit	26,5%	26,2%	38,3%	27,7%	35,1%	16,7%	28,9%
Überwiegend in bezahlter Arbeitszeit	12,2%	10,1%	5,6%	8,8%	9,0%	3,1%	9,1%
Überwiegend in Freizeit	8,2%	18,8%	8,5%	15,1%	11,2%	17,2%	12,0%
Nur in Freizeit	41,0%	36,0%	41,9%	40,1%	34,5%	50,6%	40,1%
War erwerbslos	12,1%	8,9%	5,7%	8,3%	10,2%	12,5%	9,9%
	100,0%	100,0%	100,0%	100,0%	100,0%	100,0%	100,0%

Quelle: eigene Darstellung und Berechnung auf Basis der Daten von Statistik Austria 2004

2.2.8 Interesse an Weiterbildungsbereichen

Im Mikrozensus 2003 wurde gefragt, in welchen Bereichen Interesse an Weiterbildung bestehen würde, unabhängig davon, ob zuletzt Kurse oder Schulungen besucht wurden. Abbildung 14 zeigt die Anteile der Steirer und Steirerinnen, die angaben, Interesse an den genannten Bereichen der Weiterbildung zu haben. Das deutlich größte Interesse zeigte sich im Bereich Berufliches Fachgebiet mit 27,8% an Interessierten. Ebenfalls starkes Interesse bestand 2003 an den Bereichen EDV, Fremdsprachen und Gesundheit und Ernährung, an denen jeweils zwischen 20% und 25% der Steirer und Steirerinnen zum Erhebungszeitpunkt interessiert waren. Bereits deutlich geringer war das Interesse an den Bereichen Persönlichkeitsbildung mit 11,6% und Sport mit 10%. Die weiteren genannten Bereiche lagen jeweils unter 10%.

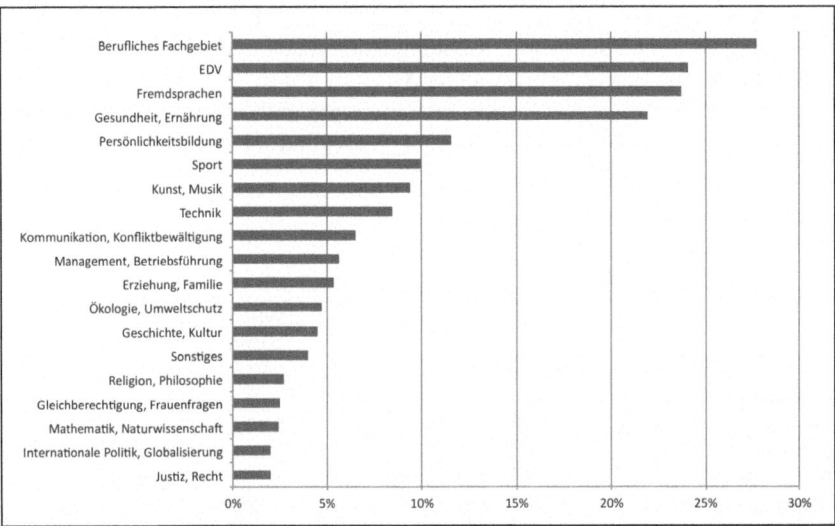

Abbildung 14: Interesse an Weiterbildungsbereichen (Quelle: eigene Darstellung und Berechnung auf Basis der Daten von Statistik Austria 2004)

Im regionalen Kontext betrachtet, zeigen sich einige regionsspezifische Besonderheiten. Das Weiterbildungsinteresse im beruflichen Fachgebiet war auf Basis der Datengrundlage des Jahres 2003 in der West- und Südsteiermark mit 38,6% am größten und lag deutlich über dem steirischen Durschnitt. Am geringsten und deutlich unterdurchschnittlich war das Interesse am beruflichen Fachgebiet hingegen in Liezen mit 17,8%. Das Interesse am Bereich EDV war vor allem in der westlichen Obersteiermark überdurchschnittlich hoch. Interesse am Bereich Fremdsprachen fand sich hingegen überproportional stark in der Region Liezen mit 33%, das waren fast 10 Prozentpunkte mehr als der steiermärkische Durchschnitt. Das Interesse an Weiterbildung im Bereich Gesundheit und Ernährung verteilte sich relativ gleichmäßig über die Regionen. Mit 25,1% war es am höchsten in Liezen und der westlichen Obersteiermark und am geringsten in Graz mit 20%. Persönlichkeitsbildung interessierte im Jahr 2003 mit 16% am stärksten in der östlichen Obersteiermark, am geringsten hingegen in den Regionen Oststeiermark (9,2%) und West- und Südsteiermark (8,3%). Weiters auffallend ist das zum Erhebungszeitpunkt vergleichsweise geringe Interesse an Weiterbildung im Bereich Kunst und Musik in der östlichen Obersteiermark (4%) sowie das vergleichsweise hohe Interesse an Weiterbildung im Bereich Geschichte und Kultur in Liezen (12,2%).

Tabelle 17: Interesse an Weiterbildungsbereichen nach Region

	Graz	Liezen	ÖO-STMK	OST-STMK	WS-STMK	WO-STMK
Berufliches Fachgebiet	24,5%	17,8%	25,8%	30,4%	38,6%	20,5%
EDV	22,0%	21,9%	19,4%	27,3%	21,4%	32,9%
Fremdsprachen	29,2%	33,0%	20,0%	19,4%	19,0%	28,3%
Gesundheit, Ernährung	20,0%	25,1%	21,1%	23,2%	20,1%	25,1%
Persönlichkeitsbildung	11,8%	14,0%	16,0%	9,2%	8,3%	14,3%
Sport	8,1%	13,4%	11,2%	9,0%	13,4%	7,6%
Kunst, Musik	11,1%	15,0%	4,0%	9,4%	11,9%	5,9%
Technik	6,8%	11,0%	9,8%	8,4%	8,0%	10,1%
Kommunikation, Konfliktbewältigung	9,2%	1,8%	9,5%	5,6%	4,8%	4,7%
Management, Betriebsführung	5,7%	2,9%	5,6%	5,4%	7,2%	5,5%
Erziehung, Familie	6,0%	5,3%	3,3%	4,9%	5,9%	7,1%
Ökologie, Umweltschutz	3,9%	5,9%	4,6%	5,1%	4,2%	5,6%
Geschichte, Kultur	4,9%	12,2%	2,5%	3,5%	4,6%	3,6%
Sonstiges	4,0%	2,6%	3,0%	6,2%	1,2%	5,6%
Religion, Philosophie	3,8%	7,5%	0,8%	2,6%	1,5%	2,3%
Gleichberechtigung, Frauenfragen	1,7%	2,9%	0,3%	4,9%	2,0%	2,1%
Mathematik, Naturwissenschaft	4,0%	2,3%	2,4%	1,3%	2,2%	1,7%
Internationale Politik, Globalisierung	2,9%	3,2%	1,7%	2,4%	1,1%	0,7%
Justiz, Recht	2,8%	1,8%	1,3%	1,1%	3,0%	2,0%

Quelle: eigene Darstellung und Berechnung auf Basis der Daten von Statistik Austria 2004

2.2.9 Weiterbildungsbarrieren und Veränderungen

Die Frage, welche Veränderungen es erleichtern würden, Zeit für Weiterbildung zu haben, kann als Indikator für vorhandene Weiterbildungsbarrieren betrachtet werden. Abbildung 15 zeigt, zu welchem Anteil Veränderungen den Steirern und Steirerinnen ihren Selbstaussagen aus dem Jahr 2003 zufolge helfen würden, mehr Zeit für Weiterbildung zu haben.

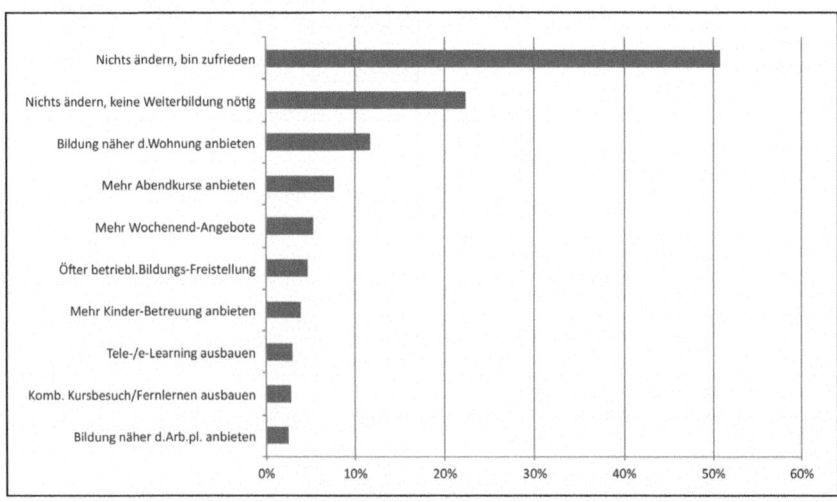

Abbildung 15: Veränderungswünsche (Quelle: eigene Darstellung und Berechnung auf Basis der Daten von Statistik Austria 2004

Gesamt betrachtet zeigten sich 2003 knapp mehr als die Hälfte der Steirer und Steirerinnen mit ihrer Weiterbildungssituation zufrieden und sahen keinen Änderungsbedarf. 22,3% der Steirer und Steirerinnen gaben an, nichts ändern zu wollen, da sie keine Weiterbildung benötigen würden. Von dieser Zufriedenheit abgesehen, bestand mit 11,7% der am häufigsten genannte Änderungswunsch darin, dass das Bildungsangebot näher am Wohnort sein sollte. 7,7% der Steirer und Steirerinnen gaben an, dass sie durch ein größeres Angebot an Abendkursen mehr Zeit für Weiterbildung erhalten würden. 5,4% sprachen sich in diesem Zusammenhang für mehr Wochenendangebote aus. Weitere Nennungen (mehr betriebliche Bildungsfreistellung, mehr Kinderbetreuungsangebot, Ausbau von Tele- und e-Learning, Kombinieren von Kursbesuch und Fernlernen sowie Bildungsangebote näher am Arbeitsplatz) kamen nur auf jeweils unter 5%.

Im regionalen Kontext waren einige regionsspezifische Besonderheiten auszumachen. Es zeigte sich, dass der Anteil jener, die nichts ändern wollten, da sie mit dem Bildungsangebot zufrieden waren, mit 57,9% in Graz am höchsten war. Deutlich unterdurchschnittliche Zufriedenheit zeigte sich hingegen in der westlichen Obersteiermark mit 35,7% und in Liezen mit 32,9%. Liezen bildete somit das Schlusslicht bei den Zufriedenen. Gleichzeitig hatte Liezen aber mit 30,6% den höchsten Anteil an befragten Personen, die angaben, nichts ändern zu wollen, da sie generell keine Weiterbildung benötigten. Dies wurde in Graz mit 12,4% am wenigsten häufig angegeben. Der am häufigst genannte Änderungswunsch, Bildung näher an der Wohnung anzubieten, wurde in Liezen mit 24,5% am stärksten nachgefragt. Ebenso deutlich überdurchschnittlich hoch war dieser Wunsch mit 21,9% in der westlichen Obersteiermark. Auch beim am zweithäufigst genannten Änderungswunsch, mehr Abendkurse anzubieten, lagen im Jahr 2003 die Regionen westliche Obersteiermark mit 13,3% und Liezen mit 11,1% an der Spitze der nachfragenden Personen.

Tabelle 18: Veränderungswünsche nach Region

	Graz	Liezen	ÖO-STMK	OST-STMK	WS-STMK	WO-STMK
Nichts ändern, bin zufrieden	57,9%	32,9%	50,7%	51,0%	54,5%	35,7%
Nichts ändern, keine Weiterbildung nötig	12,4%	30,6%	26,0%	25,0%	27,3%	16,1%
Bildung näher d.Wohnung anbieten	8,7%	24,5%	7,9%	13,8%	7,8%	21,9%
Mehr Abendkurse anbieten	9,3%	11,1%	6,3%	6,3%	5,5%	13,3%
Mehr Wochenend-Angebote	7,6%	4,3%	4,5%	3,7%	5,3%	7,2%
Öfter betriebl. Bildungs-Freistellung	5,9%	3,0%	4,6%	5,2%	2,7%	6,4%
Mehr Kinder-Betreuung anbieten	5,0%	3,0%	3,0%	3,4%	3,7%	6,4%
Tele-/e-Learning ausbauen	3,6%	1,8%	1,9%	3,6%	2,9%	3,3%
Komb. Kursbesuch/ Fernlernen ausbauen	3,6%	4,7%	2,3%	2,7%	1,9%	3,1%
Bildung näher d.Arb. pl. anbieten	2,1%	2,8%	2,8%	2,7%	1,5%	5,1%

Quelle: eigene Darstellung und Berechnung auf Basis der Daten von Statistik Austria 2004

Betrachtet man die Veränderungswünsche im Zusammenhang mit der Siedlungsdichte, ist festzustellen, dass zum Erhebungszeitpunkt die Zufriedenheit mit dem Status quo des Bildungsangebots in dicht besiedeltem Gebiet mit 60,5% am größten war. Am niedrigsten war sie mit 47,6% in Gebieten mit mittlerer Siedlungsdichte. In schwach besiedelten Gebieten lag der Anteil bei 50,9%. Die Antwort „Nichts ändern, keine Weiterbildung nötig" wählten sowohl in schwach besiedelten Gebieten als auch in Gebieten mit mittlerer Siedlungsdichte knapp ein Viertel der Befragten. Dieser Anteil lag in dicht besiedelten Gebieten mit 13,5% deutlich darunter. Der insgesamt am häufigsten genannte Veränderungswunsch, Bildungsangebote näher an der Wohnung anzubieten, schien 2003 deutlich mit der Siedlungsdichte in Zusammenhang zu stehen. Während 15,5% in schwach besiedelten Gebieten diese Forderung unterstützten, waren es in Gebieten mit mittlerer Siedlungsdichte nur noch 10,8% und in dicht besiedelten Gebieten lediglich 4,1%. Alle weiteren genannten Veränderungswünsche verteilten sich relativ gleichmäßig über die verschieden dicht besiedelten Gebiete.

Tabelle 19: Veränderungswünsche nach Siedlungsdichte

	Schwach besiedeltes Gebiet	Mittlere Besiedlungsdichte	Dicht besiedeltes Gebiet
Nichts ändern, bin zufrieden	50,9%	47,6%	60,5%
Nichts ändern, keine Weiterbildung nötig	23,2%	24,4%	13,5%
Bildung näher d.Wohnung anbieten	15,5%	10,8%	4,1%
Mehr Abendkurse anbieten	7,0%	8,0%	9,0%
Mehr Wochenend-Angebote	4,2%	6,4%	5,6%
Öfter betriebl.Bildungs-Freistellung	4,2%	4,9%	5,5%
Mehr Kinder-Betreuung anbieten	2,9%	4,4%	5,7%
Tele-/e-Learning ausbauen	2,3%	3,5%	3,7%
Komb. Kursbesuch/Fernlernen ausbauen	2,6%	2,5%	4,3%
Bildung näher d.Arb.pl. anbieten	3,0%	2,2%	2,2%

Quelle: eigene Darstellung und Berechnung auf Basis der Daten von Statistik Austria 2004

2.3 Logistische Regressionen zur Erklärung der Weiterbildungsteilnahme

Neben der deskriptiven Beschreibung der Zusammenhänge zweier Variablen ist es auch notwendig, Zusammenhänge in multivariaten Verfahren zu betrachten, um mögliche Drittvariableneffekte auszuschließen und tatsächliche, stabile Einflussfaktoren ausmachen zu können. Ziel der vorliegenden Studie war es aufzudecken, ob die Variablen Siedlungsdichte und Region auch unabhängig von anderen wichtigen Einflussfaktoren wie Geschlecht, Alter und schulische Bildung einen Einfluss auf die Weiterbildungsteilnahme haben (vgl. Fernandez 2013, S. 70).

Zu diesem Zweck wurden mit den Daten des Mikrozensus zum Lebenslangen Lernen aus dem Jahr 2003 logistische Regressionen durchgeführt, mittels derer es möglich ist, den Einfluss von mehreren unabhängigen Variablen auf eine dichotome, abhängige Variable zu untersuchen. Der Vorteil dieses multivariaten Verfahrens ist es, die Erklärungskraft der unabhängigen Variablen im Kontext anderer Variablen zu überprüfen und somit eventuelle intermediierende Effekte ausschließen zu können. Die logistische Regression gibt die Wahrscheinlichkeiten für das Auftreten einer Ausprägung der Variable an. In diesem Fall ist die abhängige Variable die Teilnahme und Nichtteilnahme an Weiterbildungsveranstaltungen. Die Ausprägung, die vorhergesagt wird, ist das Ereignis, an Weiterbildungsveranstaltungen teilzunehmen. In der Spezialerhebung des Mikrozensus 2003 wurde die Weiterbildungsteilnahme für die letzten zwölf Monate erfragt, die für die steirische Wohnbevölkerung ab 15 Jahren bei 20,8% liegt. Hierbei handelt es sich um die Teilnahme sowohl an beruflichen als auch an privaten Kursen. Als unabhängige, also Einfluss ausübende Variablen, die bereits in den bivariaten Analysen Einflusskraft zeigten, wurden neben der Siedlungsdichte und den NUTS 3-Regionen das Geschlecht, das Alter und die Schulbildung untersucht.

Anhand der als Exp(B) ausgewiesenen odds-ratios ist es möglich, den Einfluss der unabhängigen Variablen auf den Eintritt des Ereignisses „Teilnahme an Weiterbildungsveranstaltungen" zu untersuchen. Die odds-ratios können als Multiplikationsfaktoren interpretiert werden, die angeben, wie sich das Chancenverhältnis zugunsten des prognostizierten Ereignisses bei einer Erhöhung der unabhängigen Variable um eine empirische Einheit ändert. Beträgt der Wert der odds ratio eins, bleibt die Wahrscheinlichkeit für das Eintreten des Ereignisses „Teilnahme an Weiterbildungsveranstaltungen" gleich, was bedeutet, dass die Variable keinen Einfluss hat. Weisen die odds-ratios einen Wert über eins auf, so steigt die Wahrscheinlichkeit für die Teilnahme genau um diesen Faktor. Liegt der Wert unter eins, so sinkt die Wahrscheinlichkeit teilzunehmen.

Tabelle 20: Einflüsse auf die Weiterbildungsteilnahme 2003: Modell Siedlungsdichte

Einflüsse auf die Weiterbildungsteilnahme 2003: Modell Siedlungsdichte				
Abhängige Variable: Weiterbildungsteilnahme (1 = Teilnahme; 0 = Nichtteilnahme)				
			95,0% Konfidenzintervall für Exp(B)	
	Sig.	Exp(B)	Unterer Wert	Oberer Wert
Bildung Ohne Pflichtschule/Pflichtschule (Referenzkategorie)				
Lehrabschluss/Berufsschule	,00	2,349	2,303	2,397
Berufsbildende mittlere Schule	,00	4,073	3,977	4,172
Matura	,00	5,198	5,085	5,313
Universität/Fachhochschule	,00	10,499	10,242	10,763
Alter 20-29 Jahre (Referenzkategorie)				
30-39 Jahre	,00	0,913	0,899	0,927
40-49 Jahre	,00	0,827	0,814	0,841
50-59 Jahre	,00	0,567	0,556	0,578
60 Jahre und älter	,00	0,132	0,129	0,135
Geschlecht (Referenzkategorie = männlich)	,00	0,977	0,966	0,989
Siedlungsdichte schwach besiedeltes Gebiet (Referenzkategorie)				
mittel besiedeltes Gebiet	,00	1,032	1,019	1,045
dicht besiedeltes Gebiet	,00	1,188	1,168	1,208
Konstante	,00	0,137		

Nagelkerkes R^2 = ,226
Quelle: eigene Darstellung und Berechnung auf Basis der Daten von Statistik Austria 2004

Im ersten Modell (vgl. Tabelle 20) wurde mittels der Daten des Mikrozensus 2003 der Einfluss der Siedlungsdichte auf die Weiterbildungsteilnahme betrachtet. Als weitere, unabhängige Variablen wurden Bildung, Alter und Geschlecht in das Modell mit aufgenommen. Es zeigt sich, dass die unabhängigen Variablen in diesem Modell 23% der Varianz der anhängigen Variable „Teilnahme an

Weiterbildungsveranstaltungen" erklären. Aus der Tabelle ist ersichtlich, dass alle aufgenommenen Variablen signifikanten Einfluss auf das Ereignis, an Weiterbildungsveranstaltungen teilzunehmen, ausüben. Bei den Variablen „Bildung", „Alter" und „Siedlungsdichte" handelt es sich um sogenannte kategoriale Variablen, bei denen jeweils die erste Kategorie als Referenzkategorie zu sehen ist, alle weiteren beziehen sich auf diese erste Kategorie. Im Fall der Bildung bedeutet dies, dass die Gruppe der Personen mit und ohne Pflichtschulabschluss als Referenzkategorie zu sehen ist.

Bei Betrachtung der Variable „Bildung" zeigt sich der deutlich ausgeprägte Effekt, dass mit steigender Bildung auch die Teilnahme an Weiterbildungsveranstaltungen steigt. Absolventen und Absolventinnen von Universitäten und Hochschulverwandten Lehranstalten nehmen mit einer 10,5 Mal höheren Wahrscheinlichkeit teil als Personen ohne bzw. mit Pflichtschulabschluss. Der zweite einflussreiche Faktor ist das Alter. Die Weiterbildungsbeteiligung nimmt mit steigendem Alter ab. Bei Personen, die der Altersgruppe 60 und älter angehören, beträgt die odds-ratio 0,132 (dies entspricht einer 7,6 Mal höheren Chance, nicht teilzunehmen). Die Unterschiede hinsichtlich des Geschlechts sind hingegen sehr schwach ausgeprägt. Frauen haben eine etwas niedrigere Wahrscheinlichkeit (odds ratio = 0,977), nicht teilzunehmen. Die Zusammenhänge, die sich in der bivariaten Analyse zwischen der Siedlungsdichte und der Weiterbildungsteilnahme zeigten, werden im Regressionsmodell abgeschwächt. Zeigte sich in der bivariaten Analyse für die Steiermark der Zusammenhang, dass in dicht besiedelten Gebieten die Weiterbildungsteilnahme 10% über jener der schwach und mittel besiedelten Gebiete liegt, ist dieser Effekt im Regressionsmodell stark abgeschwächt. Hier scheint ein indirekter Effekt / eine Scheinkorrelation über die Schulbildung vorzuliegen. Personen mit höherer Schulbildung wohnen überdurchschnittlich häufig in dicht besiedelten Regionen und besuchen überdurchschnittlich oft Weiterbildungseinrichtungen. Nicht die Siedlungsdichte selbst hat also einen Einfluss auf die Weiterbildungsteilnahme, sondern sie hat einen Einfluss auf die Schulbildung und diese wiederum auf die Teilnahme an Erwachsenenbildungsveranstaltungen.

Tabelle 21: Einflüsse auf die Weiterbildungsteilnahme 2003: Modell NUTS 3-Regionen

Einflüsse auf die Weiterbildungsteilnahme 2003: Modell NUTS 3-Regionen				
Abhängige Variable: Weiterbildungsteilnahme (1 = Teilnahme; 0 = Nichtteilnahme)				
			95,0% Konfidenzintervall für Exp(B)	
	Sig.	Exp(B)	Unterer Wert	Oberer Wert
Bildung Ohne Pflichtschule/Pflichtschule (Referenzkategorie)				
Lehrabschluss/Berufsschule	,00	2,293	2,247	2,340
Berufsbildende mittlere Schule	,00	3,931	3,838	4,027
Matura	,00	5,049	4,940	5,161
Universität/Fachhochschule	,00	10,29	10,040	10,547
Alter 20-29 Jahre (Referenzkategorie)				
30-39 Jahre	,00	0,915	0,900	0,929
40-49 Jahre	,00	0,831	0,817	0,845
50-59 Jahre	,00	0,562	0,552	0,573
60 Jahre und älter	,00	0,129	0,126	0,132
Geschlecht (Referenzkategorie = männlich)	,00	0,974	0,963	0,986
NUTS 3-Regionen Graz (Referenzkategorie)				
Liezen	,00	1,235	1,205	1,265
Östliche Obersteiermark	,00	0,595	0,584	0,607
Oststeiermark	,00	0,825	0,812	0,838
West- und Südsteiermark	,00	0,646	0,635	0,657
Westliche Obersteiermark	,00	0,69	0,675	0,705
Konstante	,00	0,185		

Nagelkerkes $R^2 = ,234$
Quelle: eigene Darstellung und Berechnung auf Basis der Daten von Statistik Austria 2004

Im zweiten Modell (vgl. Tabelle 21) wurde mittels der Daten des Mikrozensus 2003 der Einfluss der NUTS 3-Regionen auf die Weiterbildungsteilnahme betrachtet. Als Einflussfaktoren wurden auch hier zusätzlich die Bildung, das Alter und das Geschlecht mit aufgenommen. Auch mit diesem Modell ist es möglich, 23% der Varianz der Variable „Teilnahme an Weiterbildungsveranstaltungen" zu erklären. Es zeigt sich, dass die Region unabhängig von den zusätzlich zu berücksichtigenden Faktoren starken Einfluss auf die Weiterbildungsteilnahme besitzt. Im Vergleich zur NUTS 3-Region Graz ist die Chance, an Erwachsenenbildungsveranstaltungen teilzunehmen, in Liezen leicht erhöht, in allen anderen NUTS 3-Regionen verringert. Am deutlichsten ist sie in der östlichen Obersteiermark gefolgt von der West- und Südsteiermark verringert.

2.4 Charakterisierung der steirischen Regionen

Da in den logistischen Regressionen aufgezeigt werden konnte, dass die steirischen Regionen auch unter Konstanthaltung anderer wichtiger Prädiktoren starken Einfluss auf die Weiterbildungsteilnahme besitzen, wurden mit den Daten zum Lebenslangen Lernen aus dem Jahr 2003 weiterführende Korrespondenzanalysen durchgeführt, um den Zusammenhang zwischen den NUTS 3-Regionen und den verschiedenen Dimensionen von Weiterbildungsprozessen graphisch zu veranschaulichen. Die Korrespondenzanalyse (CA) ist ein exploratives, multivariates Verfahren, das dem Auffinden von Strukturen in merkmalsreichen Datensätzen mit kategorialen Variablen dient. In der Regel werden bei der einfachen CA *zu beschreibende* Variablen (in unserem Fall NUTS 3-Regionen) in Abhängigkeit zu einer Vielzahl von *beschreibenden* Variablen gesetzt (in unserem Fall verschiedene Weiterbildungsdimensionen). Der Ausgangspunkt einer CA liegt in einer Kontingenztabelle absoluter Häufigkeiten, in der über die Spalten einer Variable, die es zu beschreiben gilt, die Kategorien mehrerer Zeilenvariablen verteilt werden. Zeilen und Spalten der Ausgangstabelle werden in der CA als *Zeilenprofile* und *Spaltenprofile* bezeichnet, welche in der CA graphisch dargestellt werden. Die CA kann als Skalierungstechnik angesehen werden, welche insbesondere zur Strukturierung nominal skalierter Daten verwendet wird. Im Ergebnis liefert die CA eine geometrische Lösung, die die Ähnlichkeit bzw. Unähnlichkeit von Vergleichsgruppen (Zeilenprofile und Spaltenprofile) darstellt. Weiters gibt sie Hinweise auf latente Dimensionen, die den gemessenen (manifesten) Variablen als Tiefenstruktur zugrunde liegen. Neben der graphischen Lösung liefert die CA auch eine Numerik mit einer Reihe von Kennwerten, die für Grenzfälle in der Interpretation herangezogen werden können. In der vorliegenden Untersuchung wird auf die Darstellung der numerischen Lösung zugunsten der graphischen Darstellung verzichtet.

Bei der graphischen Interpretation ist zu beachten: Spaltenprofile, die im Projektionsraum näher beieinander liegen, sind sich hinsichtlich der zu beschreibenden Zeilenprofile ähnlicher; die Abstände können als Chi^2-Distanzen interpretiert werden. Je weiter die Profile vom Centroid (Ursprung des Diagramms) entfernt sind, desto mehr weichen sie vom Gesamtdurchschnitt ab. Analoges gilt für Zeilenprofile. Die Achsen der geometrischen Darstellung repräsentieren (analog zur Faktorenanalyse) latente Dimensionen, die einen mehrdimensionalen Eigenschaftsraum aufspannen, in den die Profile, als Punkte dargestellt, hineinprojiziert werden. Wichtig ist zu beachten, dass die Beschreibung der Spaltenprofile mittels der Zeilenprofile nicht über die Distanzen im Projektionsraum erfolgen darf, da Zeilen- und Spaltenprofile aus Darstellungsgründen unterschiedliche Skalierungen aufweisen. In der weniger gebräuchlichen asymmetrischen Darstellung werden die Merkmalsausprägungen der Spaltenvariablen in Standardkoordinaten dargestellt, die den Projektionsraum aufspannen. Diese Darstellung hat den Nachteil, dass die Spaltenprofile so weit auseinanderliegen, dass die Zeilenprofile in der Regel gehäuft im Zentrum zu liegen kommen und nicht mehr zu unterscheiden sind. Daher werden in der üblicheren und auch hier verwendeten symmetrischen Darstellung sowohl Zeilen- als auch Spaltenvariablen in ihren jeweiligen Hauptkoordinaten dargestellt. Die Skala der Zeilenvariablen wird einer Reskalierung unterzogen; somit werden Zeilen- und Spaltenvariablen auf verschiedenen Skalen abgebildet (vgl. Gasser-Steiner 2005, S. 278). Abstände dürfen nur innerhalb von Zeilen- und Spaltenpunkten, nicht jedoch zwischen diesen als Chi^2-Distanzen interpretiert werden.

Die Interpretation ist allerdings über deren Winkel ausgehend vom Centroid möglich. Je enger die Winkel zwischen Spalten- und Zeilenprofil, desto stärker ist die Assoziation zwischen diesen. Bei einem Winkel von 90 Grad besteht statistische Unabhängigkeit. Beispielsweise steht in Abbildung 16 die gedachte Linie vom Centroid ausgehend zum Spaltenprofil „Graz" in einem sehr engen Winkel zur entsprechenden Linie des Ausbildungsbereiches „Fremdsprachen" als Zeilenprofil, was bedeutet, dass Graz mit dem Bereich Fremdsprachen hoch assoziiert ist und sich über dieses Merkmal relativ zu den anderen Regionen gut charakterisieren lässt. Hingegen stehen die gedachten Linien vom Centroid zu Graz und vom Centroid zum Ausbildungsbereich „Landwirtschaft" in einem nahezu rechten Winkel zueinander, was bedeutet, dass zwischen diesen Profilen keine Assoziation besteht (vgl. Blasius und Georg 1992, Gasser-Steiner 2005).

In die Analyse gingen als zu beschreibendes Merkmal (Spaltenprofile) die NUTS 3-Regionen ein. Als beschreibende Merkmale (Zeilenprofile) wurden folgende Variablen in das Modell miteinbezogen:

Tabelle 22: Beschreibende Merkmale (Zeilenprofile)

a. Ausbildungsbereiche (AB)	e. Interesse an Weiterbildung
1. Allgemeine Erwachsenenbildung	1. Weiterbildungsinteresse ja
2. Erziehung	2. Weiterbildungsinteresse nein
3. Geisteswissenschaft & Künste	**f. Weiterbildungsteilnahme**
4. Fremdsprachen	1. Teilnahme nein
5. Sozialwissenschaft & Wirtschaft & Recht	2. Teilnahme ja
6. Computerbedienung	**g. Welche Veränderungen werden gewünscht (Wunsch)**
7. Ingenieurwesen	1. Mehr Abendkurse anbieten
8. Landwirtschaft	2. Mehr Wochenend-Angebote
9. Gesundheits- & Sozialwesen	3. Mehr Kinder-Betreuung anbieten
10. Dienstleistungen	4. Tele-/e-Learning ausbauen
b. Motivation beruflich oder privat	5. Bildung näher am Wohnort anbieten
1. Motivation beruflich	6. Bildung näher am Arbeitsplatz anbieten
2. Motivation privat	7. Öfter betriebliche Bildungs-Freistellung
c. Teilnahme in Arbeitszeit/Freizeit	8. Kombination Kursbesuch/Fernlernen ausbauen
1. In Arbeitszeit	9. Nichts ändern, bin zufrieden
2. In Freizeit	10. Nichts ändern, keine Weiterbildung nötig
3. War erwerbslos	
d. Wer trug die Gebühr?	
1. Gebühr privat	
2. Gebühr teils/teils	
3. Gebühr anders als privat	

Quelle: eigene Darstellung

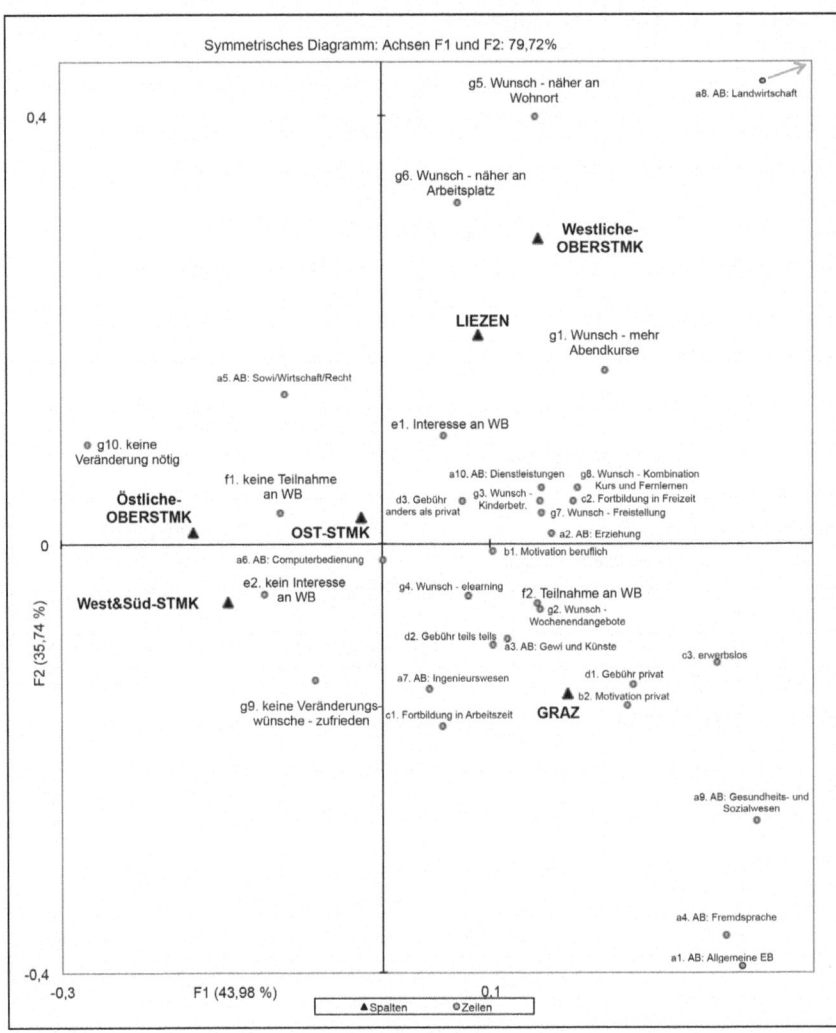

Abbildung 16: Korrespondenzanalyse (Quelle: eigene Darstellung und Berechnung auf Basis der Daten von Statistik Austria 2004)

Anmerkung: Die Variable „AB Landwirtschaft" befindet sich außerhalb des hier dargestellten Zeichnungsbereichs allerdings im selben Winkel. Aus Platzgründen wurde die Graphik zugeschnitten.

Die Ergebnisgraphik der CA (vgl. Abbildung 16) zeigt die ersten beiden erklärungsstärksten Achsen, die insgesamt 80% der gesamten Variabilität der Kontingenztabelle erklären. Die erste Achse erklärt 44% der Gesamtvariabilität (Gesamtträgheitsgewicht oder Gesamtinertia). Die zweite Achse erklärt weitere 36%. Die dritte Achse weist nur noch einen Erklärungsanteil von 11% auf und kann daher in der Interpretation vernachlässigt werden. Der graphische Plot der Korrespondenzanalyse lässt sich dahingehend interpretieren, dass die fünf NUTS 3-Regionen in drei unterschiedliche Lernwelten unterteilt werden können (die Oststeiermark ist dabei als Sonderfall zu sehen, der keiner der Typen zugeordnet werden kann, da sie im Centroid und damit im Durchschnitt der Regionen liegt). Der Begriff der Lernwelten wird dabei als Strukturkontext der einzelnen Fallstudienregionen betrachtet und in seiner jeweiligen Ausprägung als kontextabhängig verstanden. Im Fokus der Betrachtung stehen dabei die konkreten Weiterbildungsbeteiligungen in den Regionen als Anker für die Daseinsvorsorge in den jeweiligen Räumen.

2.4.1 Müde Lernwelten

Die östliche Obersteiermark und die West- und Südsteiermark weisen hinsichtlich der verschiedenen Weiterbildungsdimensionen große Ähnlichkeiten auf und sind überdurchschnittlich durch geringe Weiterbildungsteilnahme, geringes Interesse an Weiterbildung und ein großflächiges Fehlen an Wünschen nach Veränderung charakterisiert. Diese beiden Regionen können also einem Typ zugeordnet werden, der von multipler Deprivation betroffen ist. Obwohl im Vergleich zu den anderen Regionen die Weiterbildungsteilnahme auf geringem Niveau stattfindet, ist wenig Interesse an Weiterbildung vorhanden. Weil die Bewohner und Bewohnerinnen dieser Regionen auch überdurchschnittlich wenig Veränderungen ihrer Versorgungslage wünschen, entweder weil sie mit der Versorgungssituation zufrieden sind oder weil sie ohnehin keinen Bedarf an Erwachsenenbildung haben, wird dieser Typ als müde Region bezeichnet.

Die strukturell verfestigten Merkmale eines „Sich-Einrichtens" in der mangelhaften Infrastruktur gehen dabei auf einige wesentliche Bedingungen zurück. Aus soziodemographischer Sicht lassen sich Räume feststellen, die generell stark von Abwanderung, arbeits- und ausbildungsmarktbedingten Bevölkerungsverlusten betroffen sind. Diese Migrationsbewegungen drücken sich auch in der Altersstruktur der Bevölkerung, einem segregierten Arbeitskräftepool und ökonomisch in Kaufkraftverlusten aus. Müde Regionen zeichnen sich zudem durch geringe Innovationsprozesse aus. Auch kann der Dienstleistungssektor keine strategische, kompensierende Rolle einnehmen, um Negativentwicklungen in den übrigen Wirtschaftssektoren aufzufangen. Diese Kommunen sind damit für Hochqualifizierte als Wohn- und Arbeitsorte aus einer beruflich-professionellen Sicht nur marginal anziehend, wenngleich Bahnanbindungen und Autobahnanschlüsse (wenn auch unterschiedlich gut erreichbar) vorhanden sind. Die anzutreffenden Infrastruktureinrichtungen sind vielfach von einem Modernisierungsstau als Folge lückenhafter Investitionen betroffen. Immer wieder lassen sich aber lokale Gravitationszentren ausmachen, die sich zumindest regional durchaus als im Vergleich mit den übrigen Kommunen attraktiv präsentieren. Aus der Gesamtsicht sind sie aber von einem Prozess der offenen und auch verdeckten Marginalisierung betroffen, der sich systematisch über das gesamte Gebiet legt. Negativ kann sich z.B. die Neutaktung von öffentlichen Nahverkehrsstrukturen auswirken. Eine solch zeitliche und auch örtliche Ausdünnung des Busangebotes hat unmittelbare Auswirkungen auf die Gesamtversorgungsleistung. Wird eine Bushaltestelle aufgelassen oder seltener angefahren, geht die Gastfrequenz im unmittelbar verfügbaren Kaffeehaus deutlich zurück, was dieses dazu zwingt, seine Öffnungszeiten zuerst einzuschränken und in der Folge gänzlich zu schließen. Geschäftsflächen stehen leer, soziale Begegnungsflächen verlagern sich zumeist in die den Städten vorgelagerten Shopping-Centers, was wiederum Auswirkungen auf die Mobilitätsstrategien der Individuen hat. Die vor allem an den Abenden fehlenden Busanbindungen führen aber auch dazu, dass Bildungsveranstaltungen nicht mehr gut mit öffentlichen Verkehrsmitteln zu erreichen sind, was wiederum dazu beiträgt, dass die Nachfrage nach Bildung, aber auch die Wahrnehmung von Bildungsangeboten abflachen. Solche kleinräumlichen Veränderungen erzeugen gemeinsam mit den großflächigen Allokations- und Migrationsbewegungen eine Art von Stimmung, von regionalem Klima, das sich einerseits auf die konkreten Wünsche der Individuen auswirkt, andererseits Auskunft darüber gibt, was in einer solchen Region möglich ist und welche Anschlussmöglichkeiten für individuelle Projekte hier zu erwarten sind.

Als Schlussfolgerung sollten in den müden Regionen verstärkt großflächige Bildungsangebote als soziale und kognitive Ankerpunkte gesetzt werden. Hier sind vor allem Prozesse des systematischen Aufbaus und der gezielten Vernetzung von Bildungsstrukturen und Beschäftigungsmaßnahmen in Hinblick auf die Schaffung sozialer Kohäsion wesentlich. Dazu sind Maßnahmen in der Verwaltung zu treffen, z.B. die Besetzung von Führungspositionen im Rahmen bundesweiter Ausschreibungen. In Deutschland konnten damit bereits Erfolge verbucht werden: *„Verbunden damit war nicht nur die Erwartung, die Verwaltung fachlich zu verstärken, sondern auch der Anspruch ‚kreative Köpfe' mit einem Blick von Außen zu gewinnen. Zudem entwickelte die Stadt ein besonderes Engagement bei* *der Teilnahme an Wettbewerben und Förderprogrammen auf Landes-, Bundes- und EU-Ebene. Darüber gelingt es neue Kooperationsstrukturen aufzubauen, als Modellstadt neue Instrumente zu erproben und gleichfalls diesen Informationsvorsprung zu nutzen und sich gegenüber anderen Kommunen in unterschiedlichen Feldern (z.B. Neues Wohnen, Altern in der Stadt, Stadtumbau) zu positionieren, Investitionsmittel einzuwerben und Aktivität gegenüber Bürgern und Rat zu zeigen"* (Kühn und Weck 2013, S. 100). Verschwiegen werden soll dabei keinesfalls, dass solche Wege durch die Mannigfaltigkeit der Förderthemen und die oft dürftige Dotierung von Programmen auch zu einer noch stärkeren Planungsunsicherheit führen können. Nichtsdestotrotz bedarf es aber einer (möglichst vernetzten) Strategie, um lokale Defizite in ihrer Spezifität und ihren örtlichen Programmlogiken an Projekte anbinden zu können.

2.4.2 Bereite Lernwelten

Dem zweiten Typ, der vorliegend als „bereite Lernwelten" bezeichnet werden soll, können Liezen und die westliche Obersteiermark zugerechnet werden. Dieser Typ ist im Vergleich zu den anderen Regionen durch ein hohes Maß an Weiterbildungsinteresse und den starken Wunsch nach Veränderung charakterisiert. Die Kursteilnahme findet überdurchschnittlich oft in der Freizeit statt und wird nicht privat finanziert. Bezüglich der Ausbildungsbereiche werden überdurchschnittlich häufig landwirtschaftliche Kurse besucht. Da dieser Typ trotz relativ durchschnittlicher Weiterbildungsteilnahme durch einen hohen Wunsch nach Teilnahme gekennzeichnet ist, scheinen die Rahmenbedingungen aus Sicht der Bewohner und Bewohnerinnen auch gut gestaltbar. Dies zeigt sich auch darin, dass überdurchschnittlich häufig Veränderungswünsche geäußert wurden. So sollten auf Wunsch der Befragten Weiterbildungsveranstaltungen näher am Wohnort und am Arbeitsort stattfinden, sollten mehr Abendkurse angeboten werden und betriebliche Bildungsfreistellungen häufiger erfolgen.

Soziodemographisch unterscheiden sich diese Regionen gar nicht so sehr von den müden Lernwelten. Auch hier dominieren Abwanderungs- und Überalterungsphänomene in einer wirtschaftlich eindeutig klein- und mittelbetrieblichen Ausprägung. Generell ist auch hier durch die Orientierung der Teilräume an verschiedenen Kleinzentren ein eher inhomogener Raum entstanden, dessen Entscheidungsspielräume sehr stark von der Landes- und Bundespolitik abhängen. Gerade hierin liegt auch ein schwieriges Moment, den Abwanderungs- und Überalterungsphänomenen erfolgreich gegenzusteuern. Eine aktive Gestaltung und der weitere innovative Ausbau vorhandener Infrastruktureinrichtungen und

-netze können nicht ausreichend aktiv betrieben werden. Die sich daraus ergebenden mangelnden oder zu schleppenden Anbindungen führen über kurz oder lang zu weiteren konkreten schwachen Anschlüssen an Innovationsdynamiken in Wirtschaft und Bildung und an hochleistungsfähige Infrastrukturnetzwerke.

Die Reaktionen auf diese Abwanderungs-, Abkopplungs- und Abhängigkeitstendenzen sind in Regionen der bereiten Lernwelten aber grundsätzlich anders als in jenen der müden Lernwelten. In Regionen der bereiten Lernwelten zeigt sich im Weiterbildungsverhalten der Wunsch, durch Wissen, Lernen und Bildung individuelle und spezifisch-funktionale Handlungsmöglichkeiten zu erweitern, um sich damit, auch wenn die Prozesse der Abkopplung von Innovationsdynamiken nicht aufgehalten werden können, als Individuen und Regionen offensiv dazu positionieren zu können.

Zu klären bleibt hier die Komplexität der kausalen Zusammenhänge zwischen diesen Prozessen der Abhängigkeit von überregionalen Trends und den individuellen Handlungsstrategien. Den regionalen Bildungszentren kommt dabei in ihrer Schnittstellenfunktion eine bedeutende Rolle zu. Besonders in den Bereichen des „Übergangsmanagements", des Vernetzens von vor allem bildungsschwachen Personen mit Angeboten und Möglichkeiten der Weiterbildung sind hier Rahmenbedingungen zu etablieren, die vielfältige Anschlussmöglichkeiten bieten können. Bereite Lernwelten geben eine prinzipiell positive Botschaft zur Rahmung von Lern- und Bildungsprozessen ab. Wichtig ist, dass die Opportunitätskosten (die Spanne zwischen Aufwand und Ertrag) auf Dauer gesehen nicht zu hoch sein dürfen. Das allgemein hohe Maß an Weiterbildungsbeteiligung muss sich auch im Ausbau der Angebote niederschlagen.

Den Regionen der bereiten Lernwelten muss resümierend besondere Aufmerksamkeit zukommen, da bei Vernachlässigung von Interventionen hier die Gefahr der Wandlung zu müden Regionen besteht. Der Anschluss an die Metropolregion und ihren Netzwerken ist folglich stärker zu betreiben. Dabei geht es vor allem um den Zugang zu Informationen und Netzwerken, aber natürlich auch um die Erschließung von Finanzressourcen, um die oft prekären Entwicklungsbedingungen verbessern zu können. Im Sinne der Erweiterung von Lern- und Bildungsmaßnahmen sind es vor allem überlokale Ressourcenzuweisungen und vertikale Politiknetzwerke die hierbei wesentlich wären. Dazu müssten sich die lokalen und die überregionalen Entscheidungsträger und -trägerinnen auf Prioritätensetzungen einigen, die wiederum auf der Grundlage einer strategischen Positionierung über den Zugriff auf Förderprogramme etc. getroffen werden. Gleichzeitig könnten in den Regionen der bereiten Lernwelten interkommunale Interessengemeinschaften ihre Infrastrukturpolitik abstimmen. So schwer dies unter dem Konkurrenzdiktat der leeren Kassen auch immer sein mag, versprechen die Positionierungsvorteile und Synergieeffekte doch einen beachtlichen Mehrwert (vgl. u.a. Benz und Fürst 2003, Bogumil und Grohs 2010).

2.4.3 Fitte Lernwelten

Als letzter Typ, als fitte Lernwelt tituliert, lässt sich die Region Graz ausmachen. Sie ist von einer stark überdurchschnittlichen Weiterbildungsteilnahme gekennzeichnet, was sich auch in den vielen unterschiedlichen Ausbildungsbereichen (Allgemeine Erwachsenenbildung, Fremdsprachen, Geisteswissenschaften und Künste, Ingenieurwesen und Gesundheits- und Sozialwesen) widerspiegelt, die mit dieser Region assoziiert sind. Die Veranstaltungen werden überdurchschnittlich häufig in der Arbeitszeit besucht und die Finanzierung erfolgt im Vergleich zu den anderen Regionen häufig privat. Da in Graz die Teilnahmequoten überdurchschnittlich hoch sind und die Bildungs-Versorgung gut ist, wurden auch kaum Veränderungswünsche geäußert.

Die Positionierungsvorteile, die der Stadt Graz und ihrem unmittelbaren Umlandbereich zufließen, bestehen nicht nur in finanziellen Ressourcen, sondern liegen auch im Zugang zu Informationen und Netzwerken. Als Metropolregion kann sie in ihrer finanztechnischen Reichweite sowohl die lokalen als auch überlokalen Finanzressourcen stärker nutzen. Vertikale Politiknetzwerke und vielfältige Wissensreservoirs sind vorhanden und sehr aktiv. Durch diese Innovationsstrukturen direkt vor Ort (Universitäten, Forschungsinstitute etc.) entstehen Wettbewerbsvorteile im Wechselspiel von lokaler Governance und der aktiven Verwertung innovativer, wissensstarker und wirtschaftsrelevanter Netzwerke und entstehen erweiterte Handlungsspielräume für die Kommunen, die sich einerseits in einer ausdifferenzierteren strategischen Vision über die Entwicklung der Region, andererseits in der konkreten Infrastrukturpolitik bündeln lassen. Doch auch dieses Bedingungsgefüge ist kein Selbstläufer. Es bedarf in Zeiten einer generellen Sparpolitik spezifischer Anstrengungen, die lokale Handlungsautonomie abzusichern. Dabei spielen Prozesse von Lernen und Bildung eine überragende Rolle.

3 Resümee und Folgerungen: Etablierung einer zuverlässigen Bildungsinfrastruktur vor Ort

Das Thema der Schaffung einer regionalspezifischen innovativen Bildungsinfrastruktur fußt (neben den sozioökonomischen Positionierungen von Subjekten in einem gesellschaftlichen Raum) auf zentralen Begrifflichkeiten der Raumordnung und Raumentwicklung. Damit werden öffentliche, dauerhafte Grundeinrichtungen bestimmt, die das feingliedrige System moderner Volkswirtschaften am Laufen halten. Dabei kann es um die Produktion, Distribution und den Gebrauch von Waren und Dienstleistungen gehen, z.B. in Verkehrseinrichtungen, die Wasserver- und -entsorgung, aber auch um kulturelle Güter im weitesten Sinne wie Kindergärten, Schulen, Spielplätze oder Bibliotheken. Das Funktionieren einer konkreten Infrastruktur, kann dabei nicht nur additiv bestimmt werden, sondern verweist auch auf ein gelingendes soziales und zivilgesellschaftliches Zusammenspiel der zur Verfügung gestellten Ressourcen, der Zugänge dazu und der Frage nach der Ermöglichung der Daseinsvorsorge innerhalb spezifischer lokaler, sozialer und individueller Entwicklungsanforderungen. Folglich entstammen die Bildungsmotivation und die Lernhandlungen von Individuen nicht einem luftleeren lokalen und sozialen Raum, sondern sie bedürfen eines „Unterbaus" in Form von Infrastruktureinrichtungen, Organisationen bzw. von Ermöglichungs- und Anreizstrukturen, innerhalb derer und durch die sich (Weiter-)Bildungsaspirationen entfalten können.

Regionen sind Rahmen, innerhalb derer die Bildungsbiographien von Menschen und deren berufliche und soziale Einbettung geprägt werden. Diejenigen Regionen, die Menschen Möglichkeiten bieten, ihren persönlich optimalen Bildungserfolg lebensnah zu erreichen, sind als Standorte attraktiv. Dabei sind nicht nur berufliche Horizonte von Bedeutung, sondern auch die generelle Sicherung von Bürger- und Bürgerinnenrechten und die grundsätzliche Steigerung von Lebensgestaltungschancen.

Überlegungen zur Grundversorgung mit Bildung müssen deshalb konsequent in den Mittelpunkt der Aufmerksamkeit rücken. Für die Regionen, d.h. die Kommunen und Bezirke bedeutet dies, dass der Faktor Bildung (die Kindergärten, die Schulen, vielfältige Formen der außerschulischen Jugendarbeit, die Unterstützung von Lehrstellen und auch der Erwachsenenbildung) stärker in ihre Bemühungen um die Daseinsvorsorge ihrer Bewohner und Bewohnerinnen eingebunden werden müssen. Es geht dann nicht mehr nur um die effektive Versorgung mit lebenspraktischer Infrastruktur wie Müllabfuhr oder Kanalisation, sondern stärker auch um die Belange der geistigen und sozialpolitischen Positionierungen.

Wenn heute in gesellschaftspolitischen Bezügen von Regionen gesprochen wird, fallen zwei Kontexte auf. Einerseits gibt es die sozialromantischen und vermarktungstauglichen Positionierungsversuche, die der Sehnsucht nach Geborgenheits- oder Erlebnisräumen geschuldet sind. Hier werden lokale Besonderheiten hervorgehoben, die positive und sozial-integrierende Assoziationen hervorrufen sollen. In der Steiermark gibt es dann plötzlich ein „Thermenland", das Ruhe und Gesundheit vermitteln soll, eine Weinstraße, die Genuss und Sinnlichkeit verspricht, ein geschütztes „steirisches" Kernöl oder einen Vulkanlandschinken, die der schädlichen industriellen Nahrungsmittelproduktion das Unverfälschte, das Echte und regionale Verlässliche entgegenstellen sollen. Andererseits wird der Begriff der Region in der Steiermark seit einigen Jahren als verwaltungstechnische Optimierungsvariable benutzt. Hier werden durch großflächige Gemeinde- und Bezirkszusammenlegungen kommunale Einsparungsmomente sichtbar, die sich in der Regel nicht an den spürbaren Anbindungen von Menschen an ihre regionalen Erfahrungsstrukturen ausrichten. Vielmehr erhoffen sich politische Entscheidungsträger und -trägerinnen dadurch eine kostensparende Optimierung administrativer Abläufe oder auch eine Entlastung der sozialen Infrastruktur durch Selbsthilfeaktivitäten. Landschaften, Städte oder Wohnsiedlungen durch die Anzahl von Menschen pro Quadratmeter und deren Bezugnahme auf die Dichte von infrastrukturellen Angeboten oder durch charakteristische Begegnungsmöglichkeiten zu definieren, bietet eine mögliche Handhabe, um Grundbedingungen von individuellen Erfahrungsbasen zu bestimmen. Hierbei kann zumindest formal festgelegt werden, in welchem Ausmaß infrastrukturelle Bezugsangebote vorhanden sein müssen, damit einerseits die Grundbedürfnisse von Individuen gestillt werden können, andererseits die Sicherstellung von sozialer Kohäsion auf einer allgemeinen, politischen Ebene definierbar wird. Wie sich diese beiden Elemente dann tatsächlich in Bezug zueinander entwickeln, welche Dimensionen von Zugehörigkeit, Fremdheit oder Diversität, von Nutzen, Gewinn oder Verlust sich hieraus ergeben, ist damit aber noch lange nicht hinreichend bestimmt.

Der infrastrukturelle und soziale Raum kann zuallererst nur als Folie oder eine Bewegungslinie begriffen werden, die auf unterschiedliche kulturelle Kapitalsorten aufsetzt. Die Möglichkeit der Inanspruchnahme oder der Einbindung in vorhandene Strukturen ergibt noch keinen tatsächlich individuell und sozial fruchtbringenden Raum, wenngleich hierin schon Formen von sozialer Ordnung, von kommunikativen und performativen Zugriffsweisen zur Infrastruktur angelegt sind. Menschen und Gemeinschaften begreifen und definieren sich hierin in ihren Vorstellungsräumen, in ihren Möglichkeiten, aufeinander und auf berufliche, soziale oder kulturelle Gelegenheiten zuzugehen. Der tatsächliche Ort wird innerhalb seiner konkreten institutionellen und strukturellen Gegebenheiten zu einem Lebensraum, indem er zugleich einen Erfahrungs- und Aktionsraum bzw. einen Ermöglichungs- und Interaktionsrahmen zwischen Menschen und ihren Vorstellungen vom konkreten und auch vom ungelebten Leben darstellt. Der soziale und auch der lokale Raum arrangiert das Erleben, die Suche nach Orientierung, nach Wünschen und Möglichkeiten derart, dass er Vorstellungswelten reproduziert, die die individuelle und soziale Einordnung bewirken. Auch trotz der Ausweitung von lokalen und sozialen Bezügen im Sinne eines ortspolygamen Menschen (vgl. Beck 1997) bleiben die vielfältigen strukturellen und individuellen Aneignungsbedingungen höchst unterschiedlich und die regionale Grundversorgung mit Bildungsangeboten in allen Regionen wichtig.

Gerade wenn es um die Webmuster alltäglicher Lebensbewältigung geht, sollten dabei jene Menschen nicht aus dem Blick geraten, die dem Muster des kreativen, reflexiven und mobilen Subjekts nicht entsprechen (können). Die Bereitstellung von quantitativ und qualitativ ausreichenden Entfaltungsmöglichkeiten unterlegt quasi wie ein Sicherheitsnetz die alltagspraktischen, sozialen und emotionalen Ressourcen. In der Auseinandersetzung mit der Umwelt und der Durchsetzung von eigenen Ansprüchen, aber auch den oft widersprüchlichen Anforderungen in Beruf und Umwelt stellen sie nämlich jene zivilgesellschaftlich bedeutsamen kollektiven Performanzen sicher, die eine Verknüpfung von Sozialraum und individueller Lebenslage offensiv verdeutlichen können. Gerade im Bereich der Bildung greifen die lokalen Grundstrukturen stark in jene sozialen Rhythmen ein, in denen sich eine Gesellschaft ihre Gestalt(en) gibt und in der sich die Zivilgesellschaft ausbildet.

Gerade an dieser Schnittstelle zwischen den Handlungsmustern von Individuen und den konkreten lokalen Anschlussstellen kann das weitmaschige System der Weiterbildung seine gemeinwesenorientierte Funktion im Sinne der Zivilgesellschaft ausbauen. Viele empirische Belege (vgl. u.a. Alheit 1996, Egger 2006, Brandt 2008, Friebel 2012a) zeigen aber vor allem einen gegenläufigen Trend. So wird die Erwachsenenbildung auf Managementebene immer stärker zu einem privilegierten Instrument des Neoliberalismus. Mit anderen Worten, die Erwachsenenbildung wird dazu instrumentalisiert, dass sich die Individuen und die Organisationen, sprich Unternehmen, noch besser und noch rascher den neuen Herausforderungen der zunehmend globalen Marktwirtschaft stellen können. Die traditionelle, kritische und gesellschaftsverändernde Dimension der Erwachsenenbildung wird somit aus der heutigen Erwachsenenbildungspraxis oft ausgeblendet. Eine Erwachsenenbildung im Sinne der Daseinsvorsorge verleugnet die Wichtigkeit der Adaptionsbestrebungen an die Herausforderungen der zunehmend globalen Marktwirtschaft nicht, hat dabei aber mindestens noch zwei weitere Dimensionen. Sie fußt auf der Idee der prinzipiellen Nicht-Instrumentalisierung von Menschen und baut auf die spezifischen Kräfte partizipativer Ansätze, innerhalb derer Lernen nicht rein als Werkzeug der gesellschaftlichen Domestizierung und Instrumentalisierung gesehen werden kann, sondern der lernende Bezug zur Welt stets etwas Eigensinniges, aber auch etwas zur Demokratie Gehörendes und Beitragendes in sich trägt, indem sich die Lernenden in direktem Kontakt mit der sie betreffenden Realität daran abarbeiten. Ein solches Lernen setzt an der lokalen Praxis an, denn dort sind die Konsequenzen der gesellschaftlichen Dynamik am direktesten zu spüren und die Gestaltungsräume und Mitbestimmungsmöglichkeiten gegenüber diesen Kräften deshalb auch am ehesten zu mobilisieren. Erst wenn es möglich ist, dass sich konkrete Menschen mit den Wirkungen der globalen Entwicklungen vor Ort lernend und kollektiv auseinandersetzen, können auch konkrete und reale Alternativen entwickelt und realisiert werden. Dazu muss sich die spürbare Qualität von Lernen und Bildung in Richtung einer lebensweltorientierten und tragfähigen stabilen Rahmung zur Unterstützung der Bemühungen der Individuen entwickeln.

Eine schlichte Ausdehnung von Beschulungsmaßnahmen hätte dabei eher den Effekt des Motivationsverlustes sowie der Tradierung einer instrumentellen Einstellung zum Lernen. Stattdessen müssen Lernumwelten geschaffen werden, die selbstbestimmte Lernprozesse stimulieren, in denen Basisqualifikationen vermittelt werden können und dieses Wissen mit praktischen Erfahrungen verbunden werden kann. Gerade dieser Umstand, dass der eigene Lernwunsch auf eine offene Struktur trifft, in der die Vereinzelung, der Zwang oder auch die Angst nicht mehr so stark zu spüren sind, bindet das lernende Subjekt positiv an erlebbare Lernorte und auch an die Vorgaben zur Erreichung der individuellen Bildungsziele. Beweglich oder starr ist hier der ausschlaggebende Unterschied. Die Frage dabei ist, ob die Regionen beweglich genug sind, die vielen partikularen Interessen und Wünsche, die einzelnen Probleme und Anforderungen in einer beweglichen Struktur zu bearbeiten, oder starre Prozeduren als Begegnungsebenen dargeboten werden, die wenig persönliche und soziale Griffigkeit besitzen. Diese Akzentuierung scheint ein Schlüssel dazu zu sein, ob Lerner und Lernerinnen eine aktive Teilhabe am Bildungsprozess „spüren", ob das Verhältnis von Vermittlung und selbstständiger Aneignung, von Angebot und Zugriff in Balance ist. Diese strukturelle Unterscheidung in „beweglich" oder „starr" bedeutet einen qualitativen Unterschied in der Bewertung von lokalen Bildungsstrukturen. Es zeigt sich hier nämlich, dass es dabei gerade um jene Spannung zwischen Lernbedürfnis und Lernstruktur, zwischen Lernerfordernis und individuellem Wunsch geht, der entscheidend ist, ob in Krisensituationen der regionale Bezug abgebrochen oder fortgesetzt wird. Um als regionale Lernwelt aber beweglich zu sein, muss es ausreichend Vernetzungsmöglichkeiten (formal, non-formal und informell) geben, damit die Lebens- und Lernwelten sich sinnvoll ergänzen können. Graphisch aufbereitet, könnte das in etwa folgendermaßen aussehen:

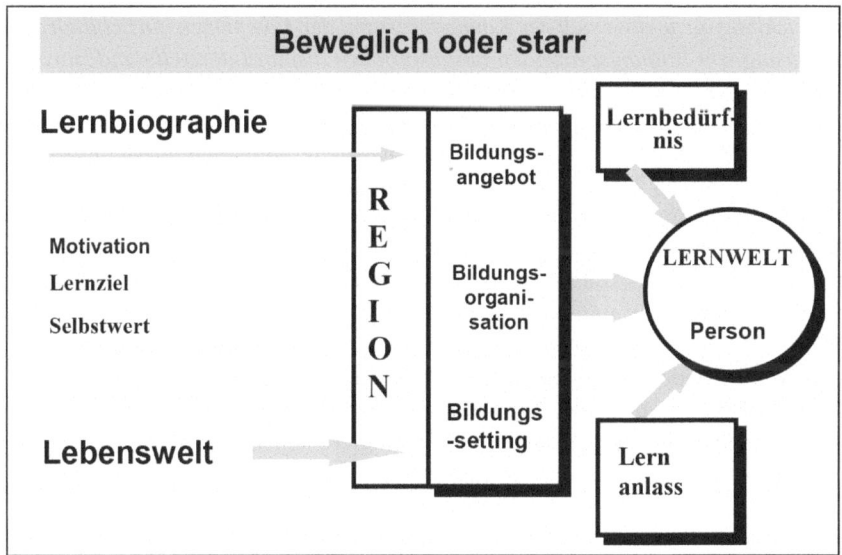

Abbildung 17: Bewegliche oder starre Bildungsstrukturen (Quelle: eigene Darstellung)

Die derzeit gängige sozialräumliche Orientierung muss dementsprechend um die konstitutiven Implikationen außerhalb des Sozialraums erweitert werden, sollen soziale Klasseneffekte und Problemkonstellationen, die in einem ausgedehnten gesellschaftlichen Verursachungskomplex zu analysieren sind, mit Gebietseffekten verknüpft werden. Wird dieser Bezug zu eng geführt, kann eine spezifische Regionalisierungsperspektive von Bildung unter der Hand als eine Strategie zur Verschleierung eines generellen Ab- und Umbaus des Bildungssektors führen, in der sich der Staat aus seiner Bildungsverantwortung in eine kleinräumige, unübersichtliche marktförmig organisierte Projektlandschaft flüchtet. Die Kommunen wären dann zur Herstellung einer zuverlässigen, lokalen Koordinierung des Bildungsgeschehens in Bezug auf Arbeitsmarkt-, Bildungs- und Sozialpolitik verpflichtet, ohne dass sie die für diese zentrale gesellschaftspolitische Aufgabe notwendigen finanziellen Mittel und rechtlichen Möglichkeiten besitzen würden. Da sie an den lokalen Schnittpunkten die Überlastungsrisiken der dort lebenden Menschen unmittelbar spüren, indem Arbeitslosigkeit, Kaufkraftverlust, soziale Segregation oder spezifische Abwanderung das soziale und infrastrukturelle Klima verändern, werden sie in die Pflicht genommen, durch eigene Anstrengungen dieser Entwicklung entgegenzuwirken. *„Allerdings führe diese Entwicklung dazu, dass sich der Kompetenzstand der Kommunen hinsichtlich der Steuerung von Bildungsprozessen ausgesprochen disparat darstelle und zu regionalen Ungleichheiten führe. Kommunalisierung und Regionalisierung von Bildungsverantwortung könne nur dann zum Erfolg führen, wenn sowohl ordnungspolitische Handlungsspielräume als auch finanzielle Mittel bereitgestellt werden würden"* (Oltmann 2010, o. S.). Mit einer Fokussierung auf eine Perspektive der Grundversorgung von Bildung könnten sich die Kommunen hin zu attraktiven, qualitätsgesicherten Bildungslandschaften bewegen.

Die Steuerungsstrukturen in der Bildungspolitik weisen diesbezüglich derzeit in zwei recht unterschiedliche Richtungen. Einmal werden sogenannte „flexible" Organisationsstrategien propagiert, die institutionen- und regionalspezifischen Bedürfnissen entsprechen sollen. Einmal wird hier (wie auch vorne dargelegt) die „Hebung der Eigenverantwortung" oder die „Stärkung der Bildungsverantwortung der Kommunen" propagiert, um mit erweiterten Zuständigkeiten und Kompetenzen in den jeweiligen Nahbereichen die Autonomie und damit das Engagement der Beteiligten zu stärken. Daneben gibt es überregionale und internationale Bestrebungen, die z.B. im Sinne von PISA oder den Bologna-Maßnahmen die bildungsstrategische Gesamtleitung der Staaten oder auch der Europäischen Union hervorheben. Beide Bereiche können sich dann sinnvoll ergänzen, wenn sich kommunale Bildungslandschaften auf eine prinzipielle Gleichwertigkeit von Lebensverhältnissen und Verwirklichungschancen des/der Einzelnen beziehen. Ist dies nicht der Fall, so besteht die Gefahr einer erweiterten Auseinanderentwicklung der Bildungs- und Lebensverhältnisse und somit der Zersplitterung in allzu segregierte und mehr als bisher schon sozial selektive Regionen. Notwendig ist hierfür ein Rahmenkonzept von Bund und Ländern in Bildungsfragen, das auch direkte Unterstützungs- und Interventionsmöglichkeiten beinhaltet (vgl. Weiß 2011). Ein solches Strukturkonzept für die Sicherstellung einer zuverlässigen Bildungsinfrastruktur vor Ort hat zu klären, auf welcher Ebene welche Entscheidungen verantwortlich getroffen und organisiert werden, um tatsächlich wirksame Unterstützungssysteme etablieren zu können. Dabei geht es nicht nur um die Schulen, sondern im Sinne lebensbegleitender Bildung auch um die umfangreichen Vernetzungsstrukturen aller Bildungsangebote im Sinne eines Gemeinwesens. Dazu wären folgend dargestellte Schritte zu einer horizontalen und einer vertikalen Vernetzung von Bildungsangeboten zu setzen:

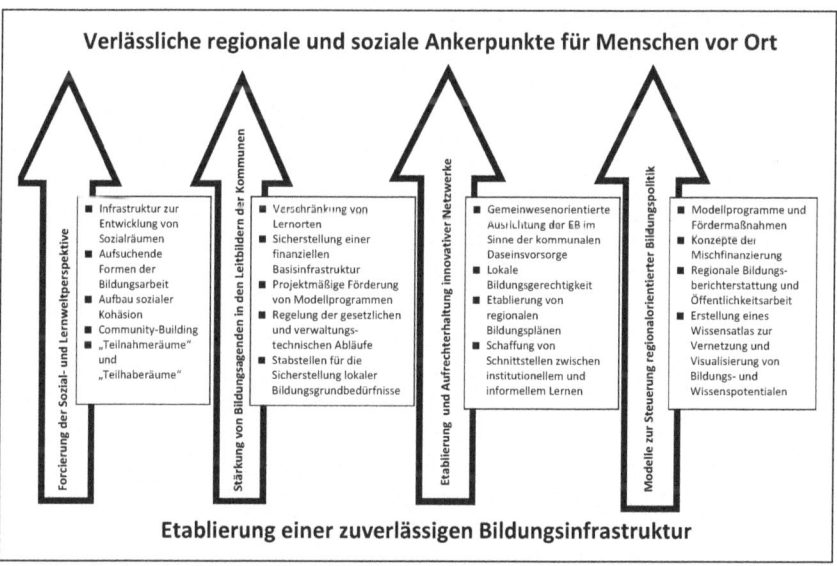

Abbildung 18: Verlässliche regionale und soziale Ankerpunkte für Menschen vor Ort (Quelle: eigene Darstellung)

3.1 Forcierung der Sozial- und Lernweltperspektive

- Dabei geht es um die konkrete Infrastruktur zur Entwicklung von Sozialräumen in einem erweiterten Sinn. Nicht nur schichtspezifische Elemente spielen dabei eine Rolle, sondern vor allem die greifbaren Bezüge zwischen lokalen und sozialen Benachteiligungs- und Selektionsmechanismen. Auf dieser Handlungsebene können regionale Entwicklungsziele innerhalb ihrer je spezifischen Grundlagen etikettiert werden, um diese dann in einem überregionalen Referenzrahmen zu vergleichen. Nur aus einer solchen Perspektive der Verbindung der lokalen Spezifika und Standortbedingungen mit überregionalen strukturellen Dimensionen können die Auswirkungen des Fehlens von Grundversorgungselementen in ihrer Intensität und Verschiedenheit auch tatsächlich wahrgenommen werden. Hierbei wird es wichtig sein, darauf zu achten, dass es nicht nur zu kleinräumigen Lösungen kommt oder dass politisch missbrauchbare „Vorzeigelösungen" entstehen. Soll eine Region tatsächlich als Lebens- und Lernraum definiert werden können, müssen die Bedingungsparameter und die Wechselwirkungen von Bildungs-, Sozial- und Arbeitsmarktpolitik bestimmt werden.

- Vom erwachsenenbildnerischen Gesichtspunkt aus stehen in der Unterstützung der Sozial- und Lernweltperspektiven vor allem die Herstellung und Kommunikation von dynamischen Lern- und Erfahrungswelten im Vordergrund, die sich einerseits herkömmlicher Bildungsinstitutionen bedienen, andererseits neue aufsuchende Formen der Bildungsarbeit ausbauen müssen.

- Für die „klassischen" Bildungsinstitutionen stellt diese stärkere Einbettung in die kommunale und gesellschaftspolitische Entwicklung eine Nachjustierung ihres Aufgabenprofils dar. So wichtig das eigene Branding auch weiterhin ist, so gilt es doch vor allem in sogenannten strukturschwachen Gebieten die eingeschränkte Perspektive auf die reine Organisation von Bildungsangeboten und Zielgruppen zu erweitern, was auch dazu führt, sich in Diskussionen und die Entwicklung von Alternativen in den Kommunen und Ländern stärker einzumischen, neue Konzepte anzuregen, Interessengemeinschaften anzukurbeln und gemeinsam mit anderen sogenannten Stakeholdern Anstrengungen zu unternehmen, um gesellschaftliche Probleme unter den Aspekten von sozialer Kohäsion zu bearbeiten.

- Lokale Begegnungs- und Lernmöglichkeiten müssen noch stärker im Sinne des Community-Building geschaffen und in ihrem Bestand gesichert werden, um den Lebensbedürfnissen unterschiedlichster regionaler Milieus entsprechen zu können. Vor allem milieuspezifische, „aufsuchende" Bildungsarbeit sollte (nicht nur) im Dienst von sozialer Kohäsion gesichert werden.

- Die Entwicklung kommunaler Bildungslandschaften ist ein weit ausholender Prozess, der ohne die Teilnahme der Betroffenen vor Ort keinen Erfolg haben kann. Hierbei ist die Koppelung von „Teil*nahme*räumen" und „Teil*habe*räumen" als Reflexionselement der gesellschaftlichen, institutionellen und biographischen Bedingungskontexte, die die vielen widersprüchlichen Handlungsanforderungen unserer Gesellschaft bearbeitbar und gestaltbar machen, wichtig.

- Lokale Bildungsbündnisse rund um die Bereiche Familie und Beruf sind mit Blick auf Aktivitäten der Bürger- und Bürgerinnengesellschaft impulsgebende Faktoren für jede Form der Grundversorgung. Sie können eine räumliche Bündelung verschiedener Angebote gewährleisten und so Synergien für alle Bildungsbereiche erzielen.

3.2 Stärkung von Bildungsagenden in den Leitbildern der Kommunen

- Die Einbindung einer zuverlässigen Bildungsinfrastruktur vor Ort in die kommunale Entwicklung ist unumgänglich. In den Kommunen wird es deshalb wesentlich sein, die Möglichkeiten zur Schaffung bildungsspezifischer Infrastruktur zu erweitern. Hier sind nicht nur Elemente der bildungsbürgerlichen Sicht auf Lern- und Bildungsprozesse wesentlich (wie z.b. klassische Formen der Aus- und Weiterbildung oder etablierte kulturelle Institutionen), die meist geschlossene Formen von Lernbedingungen und -gelegenheiten in sich bergen. Vielmehr müsste auf einen ausgewogenen Mix aus generationen- und themenübergreifenden Begegnungsmöglichkeiten gesetzt werden, der sowohl das lokale Engagement als auch die soziale Kohäsion zu fördern imstande ist. Ob dies nun arbeitsmarktspezifische Angebote, Selbsthilfekontaktstellen, klassische Bildungsinstitutionen, lokale Bündnisse für spezifische Themen oder kulturelle Einrichtungen sind, sie alle tragen im Sinne eines erweiterten Bildungsgedankens zur Re-Etablierung von Infrastruktureinrichtungen zur Bildungsförderung bei. Was dabei aber meist abgeht, ist (ohne die eigenständige Klientelpolitik vollständig aufgeben zu müssen) ein begleiteter Prozess einer längerfristigen Entwicklungsplanung mit bildungsrelevanten Einrichtungen und Akteuren und Akteurinnen im Hinblick auf wesentliche bedarfsbezogene Angebote.
- Die Entwicklungen hin zu erweiterten bildungsförderlichen Konzeptionen können ihrem jeweiligen Kernauftrag zur Verbesserung der Verschränkung von Lernorten, der Entwicklung neuer Lehr- und Lernformen im Sinne einer umfassenden Flexibilisierung von Lernen, wie sie die Strategie zum lebensbegleitenden Lernen „LLL:2020" (vgl. Bundesministerium für Unterricht, Kunst und Kultur 2011 et al.) formuliert, nachkommen. Diese Bestrebungen zu sektorenübergreifenden Kooperationsmodellen und vielgestaltigen Möglichkeiten bildungserweiternder Infrastrukturen können allerdings auch zu Konkurrenzsituationen führen, wenn sich die Aufgabenprofile von bereits bestehenden Einrichtungen mit neuen lokalen Akteuren und Akteurinnen überschneiden. Hier besteht die Gefahr einer rein marktwirtschaftlich ausge-

richteten Form der Rivalität, die auf der Suche nach Fördergeldern und Teilnehmenden genau das Gegenteil davon erzeugt, was beabsichtigt ist. Diese paradoxen Effekte der Forcierung von Grundversorgungsbereichen auf der Grundlage einer warenförmigen Organisation von Bildungs- und Begegnungsmöglichkeiten können hier zu einer Schlechterstellung von marginalisierten Gruppen führen, wenn nicht klar ist, welche strategischen Leitlinien die Kommunen insgesamt verfolgen. Unter dem Diktat der beschränkten Geldmittel und der Neigung zu marktwirtschaftlichen Lösungen werden hier sowohl die weniger marktkonformen Angebote als auch die zivilgesellschaftlichen Potentiale eingeschränkt.

- Die unterschiedlichen finanziellen Rahmen in den Regionen müssen im Sinne einer Ausgleichsstruktur erhoben und neu gewichtet werden. Größere Kommunen stehen den marktwirtschaftlichen Verwerfungen im Bildungsbereich zumindest prinzipiell (durch abgesicherte Mittel aus städtischen Budgets und auch aufgrund einer traditionell starken und differenzierten Bildungslandschaft) geschützter gegenüber als kleinere Gemeinden, die vorwiegend auf Minimalangebote z.B. im Bereich der Bibliotheken abstellen oder gänzlich auf eine lokal verankerte bildungsspezifische Daseinsvorsorge verzichten müssen. Besteht in den allgemein verbreiteten politischen Botschaften vielleicht noch ein vager Konsens darüber, dass es öffentliche Aufgabe ist, zumindest eine basale Förderung von Bildungsinfrastruktureinrichtungen sicherzustellen, so ist dies konkret für die meisten Kommunen längst nicht mehr leistbar. Ähnlich wie in der Freiwilligenarbeit ist dies aber nicht nur der „*Finanzknappheit geschuldet, sondern auch Ausdruck dafür, dass Konzepte einer professionellen Engagementförderung bislang keineswegs überall auf Akzeptanz stoßen. Lediglich ein Teil der Einrichtungen verfügt über eine mittelfristig gesicherte Finanzbasis während sich viele der lokalen Anlaufstellen in einer prekären finanziellen Situation befinden*" (Jakob 2009, S. 245). Aus diesen Gründen ist es auch in der Diskussion um die sozialräumliche Absicherung von Bildungsstrukturen wesentlich, dass die offensichtliche Diskrepanz zwischen den vielen offensiven Aussagen auf den unterschiedlichsten politischen Ebenen und der finanziellen Anerkennung und Absicherung der kommunalen Koordination und Netzwerkbildung strukturell entschärft wird.

- Dazu bedarf es neben der Ausarbeitung und projektmäßigen Förderung von Modellprogrammen verlässlicher lokaler Möglichkeiten zur Förderung von flächendeckenden bildungsspezifischen Verwirklichungschancen. Nur durch eine verstärkte Sensibilität der bundes- und landespolitischen Stakeholder für die Besonderheiten lokaler Strukturen und deren Bedarfe können nachhaltig wirksame Effekte erzielt werden. Gerade wenn es um die Erweiterung von Teilnahme- und Teilhaberäumen durch Bildungshandeln geht, können die Kommunen als schon bestehende, erlebbare Räume genutzt werden. Kommunen müssten dazu ihre Leitbilder und die daraus abzuleitenden Maßnahmen daraufhin befragen, wie es möglich ist, möglichst vielen regionalen Akteuren und Akteurinnen innerhalb einer Gesamtstrategie Partizipationschancen zu eröffnen.

- Dabei geht es einmal um die möglichen gesetzlichen und verwaltungstechnischen Abläufe: Wie ist das Recht der Bürger und Bürgerinnen auf die Sicherstellung solcher Infrastrukturen gewährleistet? Wer hat Anspruch worauf? Wie werden die konkreten Maßnahmen, Arbeitsabläufe und Entscheidungsprozeduren zur Sicherstellung der Grundversorgung zwischen den Partnern und Partnerinnen abgewickelt?
- Wesentlich sind hier aber auch die Haltungen der beteiligten Institutionen gegenüber solchen Verbänden: Wer darf hier was anbieten? Wie sichern sich Netzwerke ihr Überleben und ihre Dynamik?
- Unumgänglich ist die politische und finanzielle Unterstützung von Infrastrukturen zur Sicherstellung sozialer Kohäsion durch eine zuverlässige Bildungsinfrastruktur: Was ist hier Aufgabe der Kommune, der Länder, des Bundes? Wie und wo müssen Vollfinanzierungsmodelle, wo grundständige finanzielle Förderungen oder Projektstrukturen aufgebaut werden?
- Allfällige Stabsstellen für die Sicherstellung lokaler Bildungsgrundbedürfnisse brauchen deshalb eine starke politische Unterstützung, das Engagement von politischen Führungspersonen und eine nachhaltige Struktur in der Kommunalverwaltung, die Prozesse der (Ver-)Stärkung von Netzwerken zwischen Wirtschaft, Politik und Lernwelten im Sinne eines professionellen Regional- bzw. Projektmanagements entwicklungsfördernd gegenübersteht.
- Um hier jene Form von Nachhaltigkeit zu erreichen, die den regionalen Entwicklungsanforderungen gerecht werden kann, sind Debatten um die Sicherstellung einer finanziellen Basisinfrastruktur in den Regionen, im Land und im Bund intensiv zu führen. Dabei ist es für die Kommunen wesentlich, synergetisch und nicht klientelbezogen zu denken, denn die zu schaffenden „Dächer" für spezifische Grundversorgungen sollen auch für andere Infrastruktureinrichtungen genutzt werden. Die Rolle der bereits etablierten Bildungsanbieter und -anbieterinnen als erfahrene Lernagenturen, Trendsetter und Vernetzer und Vernetzerinnen sollte dabei nachhaltig gestärkt werden, wobei die von der EU propagierten Schlüsselkompetenzen in ihrer vernetzenden Form als Grundbedürfnisperspektiven herangezogen werden sollten.

3.3 Etablierung und Aufrechterhaltung innovativer Formen der Netzwerkbildung

- Neue Formen der Netzwerkbildung in den Lern- und Sozialräumen können dazu dienen, den Stellenwert der bestehenden Bildungsinfrastruktur und der zu erreichenden Qualitäts- und Verwirklichungschancen deutlich sichtbar zu machen. Die Bildungsorganisation und auch die einzelnen Bildungsangebote könnten hier eine durchaus gemeinwesenorientierte Ausrichtung erhalten und sich stärker als bisher im Sinne der kommunalen Daseinsvorsorge begreifen. Vor allem für die Erwachsenenbildung würde sich dieser Fokus in Bezug auf die Herausbildung einer spezifischen regionalen Entwicklungsperspektive (und nicht nur rein inhaltlicher oder marktsegmentspezifischer Aspekte der Institution) lohnen. Die bildungs- und finanzpolitischen Effekte könnten beachtlich sein und würden von vernetzten Strukturen der Daseinsvorsorge bis hin zur Teilnahme an sozialen Monitoringprozessen der Regionalentwicklung reichen. Durch eine solche Fokussierung und durch die Beteiligung an lokalen/überregionalen Debatten und Entscheidungen über unterschiedliche Versorgungsmöglichkeiten mit Verwirklichungschancen von Menschen könnte die lebensnahe Anpassung des Leitprojektes Bildung bzw. deren notwendigen Infrastrukturen an die konkreten Takte der Lebens- und Arbeitswelten verstärkt werden. Dazu wäre es notwendig, dass die Bezugsgrößen der Bildungsinstitutionen nicht mehr nur in Teilnehmendenzahlen, sondern dass vermehrt lokale Spezifika der Zusammenarbeit gesehen werden.
- Die Etablierung von Kooperationen und Netzwerken stellt in diesem Sinne notwendige systemische Zusammenhänge her, die sonst nicht existieren. Sie brechen Isolationen im Bildungssystem auf und führen so zu einem Mehrwert. Solche Netzwerke liefern Voraussetzungen, damit die formalen Organisationsgrenzen immer wieder neu bestimmt werden können. Deshalb ist es auch leichter möglich, neue Akteure und Akteurinnen jederzeit in die Interessengemeinschaft zu integrieren. Außerdem sind hierbei Gemeinschaftsarbeiten jenseits rein taktischer Eigeninteressen notwendig.
- Innerhalb der Bildungsinstitutionen ist es wesentlich, dass die jeweiligen Prozesse einem lernweltorientierten Zugang angepasst sind. Dazu bedarf es der dafür notwendigen Infrastrukturen und der stärkeren Einbindung der bildungsspezifischen Einrichtungen in das Gemeinwesen und in die kommunale Entwicklung, indem Bildungsinstitutionen gemeinsam mit anderen den Prozess hin zu zuverlässigen Bildungspartnerschaften im Sinne von Versorgungsgerechtigkeit und bürgerschaftlicher Teilhabe mitgestalten. Hier müss-

te ein Umdenken bei einer kritischen Masse von Weiterbildungsanbietern und -anbieterinnen im Sinne auch einer Erweiterung der KEBÖ-Strategie stattfinden, um das klassische Gefangenendilemma zu umgehen. Gerade wenn es darum geht, sich im Sinne der Grundversorgung nicht nur als abgesonderter sozialer Bildungsort, der ein wie immer auch definiertes gesellschaftliches Bedürfnis abdeckt, zu begreifen, sondern als Akteur, der mit anderen gemeinsam das Gemeinwesen mitgestaltet, wäre ein solcher Weg wesentlich.

- Ist der Großteil der „klassischen" Bildungsinstitutionen zumindest partiell innerhalb der Kommunen auch deutlich sichtbar, so ginge es hier um den Aufbau eines im Sinne lokaler Bildungsgerechtigkeit agierenden nutzbringenden Verhältnisses für beide Seiten, ohne sich dabei jedoch vereinnahmen oder gar missbrauchen zu lassen. Schaffen es Bildungsinstitutionen, als Partnerinnen zur Herstellung von bildungssensiblen Ausgleichmaßnahmen anerkannt zu werden, dann müssten sie auch aus ihren (vielleicht noch zu sehr elfenbeinernen) Türmen der Mittelschicht hin zu innovativen, aufsuchenden und emanzipatorischen Projekten und Ansätzen aufbrechen. Dies betrifft dann sowohl althergebrachte Angebote innerhalb der gewohnheitsmäßigen Themenstellungen und Personenkreise als auch Maßnahmen der Vernetzung mit bereits vor Ort bestehenden Bereichen wie z.B. der Kinder- und Jugendarbeit, den lokalen Initiativen etc.
- Die hier entstehenden Kooperationen könnten innerhalb eines zumindest weitflächigen Bildungsplanes und auf der Grundlage von Übereinkommen mit der Kommunalpolitik und -verwaltung erfolgen. Gerade dieses Element der beweglichen Mitwirkung bzw. Mitgestaltung von Bildungsinstitutionen und anderen lokalen Akteuren und Akteurinnen stellt auf einer Metaebene Prozesse der Zivilgesellschaft, der Demokratisierung im Sinne der Förderung gemeinschafts- und kooperationsfähiger Akteure und Akteurinnen im kommunalen Miteinander in den Fokus. Die Ansprüche an eine solche Form des Miteinander zur Herstellung kommunaler Daseinsvorsorge können aber nur eingelöst werden, wenn eine beidseitige Öffnung von Politik bzw. Verwaltung und Bildungsinstitutionen erfolgt.
- Projekte, Kooperationen, die gemeinsam mit anderen Akteuren und Akteurinnen entwickelt und durchgeführt werden, tragen dazu bei, gesellschaftliche Probleme unter bürgerschaftlicher Mitwirkung zu bearbeiten, denn eine wesentliche Aufgabe der Erwachsenenbildung besteht darin, Menschen zusammenzubringen und aufzuspüren, wo ihre Bildungsbedarfe liegen. Weiterbildungseinrichtungen können dabei eine wesentliche Koordinierungs-

aufgabe übernehmen, indem sie viele bildungsrelevante Themenfelder und Interessengruppen mit einbeziehen.
- Dabei geht es keineswegs um einen generellen Einheitsbrei, sondern einerseits um die Sicherung von in der Region verfügbaren humanen, kulturellen, ökonomischen und politischen Ressourcen, andererseits auch um den Aufbau von Mindeststandards, die die dramatischen Unterschiede im Infrastrukturangebot ausgleichen helfen. Ein Beispiel dafür könnte der Aufbau von systematischen Angeboten für Eltern sein. Wenn z.B. unterschiedliche Kinderbetreuungseinrichtungen in enger Kooperation mit Schulen, der Musikschule, den Volkshochschulen, den außerschulischen oder konfessionellen Bildungsanbietern stehen, können hier Angebote sowohl regional als auch inhaltlich gebündelt und professionell im Sinne lebensbegleitender Bildungsperspektiven (weiter-)entwickelt werden. Die hierdurch (zumindest temporär) geschaffenen Kooperationen könnten auch in finanzieller Hinsicht verschiedene Arten von Synergien erzeugen, die das Bestreben, allen Beteiligten der Region Zugang zu bestmöglichen Bildungsangeboten zu machen, einlösen helfen.
- Diese vor Ort wirkenden Kräfte brauchen aber auch spezifische aufsuchende Planungsstrategien, um die vorhandenen lokalen Potentiale und Leerstellen zu finden und mit einzubeziehen. Gefordert ist dazu eine Öffnung der Bildungsinstitutionen gegenüber lokalen Ermöglichungsstrukturen von gesellschaftlicher Teilnahme/Teilhabe, sozialem Engagement oder sozialer Kohäsion. Es wäre hier Aufgabe der Bildungsinstitutionen, in Kooperation mit anderen Netzwerkpartnern und -partnerinnen, die institutionellen Grenzen zur Förderung bildungsspezifischer Interessen zu überwinden.
- Gleichzeitig muss dafür auch eine dynamische Dimension von Lernen und Bildung verstärkt zur Anwendung gelangen, die jenseits reiner vermittelnder oder selektiver Aufgaben besteht. Didaktisch könnte dies für die Gestaltung von Lernprozessen bedeuten, dass eine prozesshafte Ausformulierung der Konstellationen des Lerngeschehens (Mentalitäten, Erwartungen, Vorstellungen, Lern-Gegenstände etc.) wieder verstärkt Bestandteil des gesamten Bildungsprozesses wird. Erkundendes und forschendes Lernen in seinen Grundbedingungen von Wahrnehmen, Erfassen, Verstehen und Klären könnte so die eigene Situiertheit als Ausgangspunkt für weitere Lernschritte schaffen und nutzen. Dieses „Verfahren" geht über die herkömmlichen Konzepte der Teilnehmenden-Orientierung hinaus, da hier das lebensnahe Spannungsgefüge der Lernenden und nicht nur die Perspektive der planenden Lehrenden zum Ausdruck kommt. Wenn dies ermöglicht wird, entsteht im „Raum des Lernens" eine ganz spezifische Form der Resonanz, die jenseits

der furchtbaren Angestrengtheit und Angleichung üblicher Bildungssettings liegt.
- Die Hauptfrage aus pädagogischer und bildungswissenschaftlicher Sicht muss dabei stets danach gewichtet werden, wie es gelingt, dass Menschen zu halbwegs kompetenten Interpreten bzw. Interpretinnen und Handelnden in ihrer ideellen und materiellen Wirklichkeit werden. Erst durch eine solch bewegliche Sichtweise wird es möglich, Bildung gleichzeitig als persönliche Identitätsarbeit und auch als Aufbau kollektiver und sozialer Verhältnisse zu begreifen. Bildung ist dadurch eingebettet in einen lernkulturellen Kontext, in dem die Menschen in ihren lernbiographischen Kontexten die Hauptrolle spielen. Die hierbei wirkenden Prozesse gilt es in der Bildungsarbeit fruchtbar zu machen.
- Die Erforschung der dabei stattfindenden Aneignungsprozesse in den spezifischen Lernwelten kann die dabei sichtbar werdenden Narrative dazu nutzen, um das jeweilige Selbstverständnis einer Person in ihrer Erfahrungs-, Erzähl- und Gedächtnisgemeinschaft versteh- und gestaltbar zu machen. Dabei wiederum spielen informelle/beiläufige, soziale, selbstorganisierte, selbstgesteuerte, vernetzte lebensnahe Aspekte von Lernen eine entscheidende Rolle. K. Klemm sieht darin Konsequenzen für die Institutionen der Erwachsenenbildung: „*a) Es wird zunehmend darauf ankommen, Schnittstellen zwischen dem institutionellen und informellen/beiläufigen Lernen herzustellen und zu ermöglichen. Es geht um Lernorte, die Alltag und Bildung verbinden und Erfahrungswissen verdichten, codieren und transformieren können. b) Es wird noch stärker notwendig werden, Orientierungswissen anzubieten, d.h. Möglichkeiten der Reflexion und des persönlichen Dialogs zu schaffen. Gleichsam als Rebound-Effekt der Medialisierung und Anonymisierung von Gesellschaft wird der Bedarf an Face-to-Face-Kommunikation steigen. c) Die Nachfrage nach Support-Strukturen für die Aneignung von Wissen und Informationen wird zunehmen. Die andauernde Individualisierung von Lernen und der allgegenwärtige Zwang zum Lernen (lebenslänglich und lebenslang) wird die Prinzipien des selbstgesteuerten und selbstorganisierten Lernens noch stärker in der Vordergrund rücken und die Selbstverantwortung hervorheben*" (Klemm o. J., S. 10). Schwierigkeiten sieht er dabei vor allem im institutionellen Egoismus, dem zu starken marktwirtschaftlichen Denken und der politischen Profilierung, die sich negativ auf das integrative Element auswirken (vgl. ebd., S. 10ff.).

3.4 Entwicklung von Modellen zur Steuerung regionalorientierter Bildungspolitik

- Für den Auf- und Ausbau von grundversorgerischen Infrastruktureinrichtungen sind Modellprogramme und Fördermaßnahmen von Bund und Ländern wichtig und hilfreich. Um der Unübersichtlichkeit und der Konkurrenz um Mittel und Aufmerksamkeit einen Rahmen zu geben, bedarf es Anlaufstellen, Büros und Agenturen mit klaren Anforderungsprofilen auf lokaler Ebene. Infrastruktur erfordert ein System und nicht nur die Ansammlung verschiedener Einrichtungen nebeneinander.
- Jede Form der nachhaltigen Förderung muss hierbei zwar auf die Dachorganisationen der verschiedenen Bildungseinrichtungstypen Rücksicht nehmen, sollte aber unbedingt zu neuen Verbünden anregen. Wichtig ist hier auch die Etablierung von Konzepten der Mischfinanzierung, die durchaus (je nach Themenbereich) auch mit einer erwerbswirtschaftlichen Komponente versehen ist.
- Die Vernetzung und Bündelung der Angebote kann nur dort sinnvoll erfolgen, wo es inhaltlich und von den Zielgruppen her zweckmäßig ist. Die Integration von Angeboten, Netzwerken und Einrichtungen kann ebenfalls nur durch eine gezielte Moderation, die sich auf ein auf alle Akteure und Akteurinnen abgestimmtes lokalspezifisches Konzept gründet, erfolgreich sein.
- Auf lokaler Ebene sollte die Aufmerksamkeit für die enge Verbindung zwischen bildungsspezifischen und politischen Bezügen gestärkt werden. Die Rolle von Bildungsprozessen als Träger der Bürger- und Bürgerinnengesellschaft, der Aufrechterhaltung des feinen sozialen Netzes, in dem Menschen denken, arbeiten und sich organisieren, muss argumentativ besser herausgearbeitet werden. Vor allem der Bezug der Erwachsenenbildung zur Weiterentwicklung der Politikfähigkeit, der komplexen Aufrechterhaltungsphänomene der Zivilgesellschaft muss auch lokal sichtbar gemacht werden.
- Zur Abstimmung und auch zur Steuerung regionalorientierter Bildungspolitik im Sinne der Entwicklung bedarfsgerechter Angebote bedarf es auch der Zuhilfenahme von Instrumenten der regionalen Bildungsberichterstattung und der Öffentlichkeitsarbeit. Die bislang von den einzelnen Erwachsenenbildungsinstitutionen erstellten Programmplanungs- und Rechenschaftsberichte bieten hierbei nur eine spezifisch kleine Grundlage für integrierte Bildungsberichte. Sie können zwar als fachlich-inhaltliche Entwicklungsmaterialien genutzt werden, länder- bzw. kommunenspezifisch wäre hier aber eine ausführliche und handlungsrelevante Berichterstattung notwendig, die vor allem jene Arten von Daten enthält, die dafür gebraucht werden,

dass eine bildungsplanerische Managementaufgabe in den Regionen auch tatsächlich strategisch erfolgen kann. Dazu müssten in vielen Kommunen erst bedeutsame Daten über relevante Lern- und Bildungsangebote im Sinne eines immer weiter zu schreibenden Bildungsatlas erhoben werden.

- Für derartige integrierte Bildungsberichte wäre ein Datenmix aus quantitativen und qualitativen Daten (im Sinne der Bezugnahme subjektiver Bedürfnis- und Betroffenheitsszenarien auf strukturelle Begebenheiten) anzustreben, um ein differenziertes und aussagekräftiges Bild über die spezifischen regionalen Lebenslagen zu erreichen. Eine solche Bildungsberichterstattung geht dabei Fragestellungen auf der faktischen (Was an Angebot ist vorhanden?), der strategischen (Welche Angebote und Lernanlässe sind sinnvoll?) und der operativen Ebene (Wie können spezifische Ebenen sichergestellt werden?) nach. Neben der konkreten Planung in den Kommunen würden relevante Bildungsberichte auch die Möglichkeit bieten, den Diskurs mit anderen Kommunen (auch im Sinne von Benchmarkprozessen) zu forcieren.
- Dabei spielen Prozesse einer nachhaltigen Öffentlichkeitsarbeit nach innen (in den Regionen) wie auch nach außen (hin zu den Entscheidungsträgern und -trägerinnen im Land und im Bund) genauso wie die Entwicklung von flankierenden Leitlinien in den Regionen eine wesentliche Rolle, um die vielfältigen partikularen Zielvorstellungen innerhalb bewältigbarer Entwicklungsprozesse zu bündeln. Dabei sollten wiederum konkrete Benchmarks für die Sicherstellung eines kommunalen Qualifizierungs- und Fortbildungsverbunds sorgen.
- Derartige Instrumente zur Förderung der Entwicklung und auch der Wirkungssteuerung von regionalisierter Bildungspolitik können aber nur dann tatsächlich wachstumsspezifisch gedeihen, wenn dafür auch ein sozialpolitischer Rahmen seitens der Politik (sowohl der Länder- als auch der Bundespolitik) existiert. So wichtig es ist, auf der lokalen Ebene konkrete Projekte und Strategien auszuformulieren und auch umzusetzen, so wesentlich ist der strukturelle Überbau, der nicht nur aus den Kommunen kommen kann. Vor allem die „Steuerungsvariable Geld" spielt hierbei eine immer bedeutsamere Rolle, unter deren Perspektive professionelle Wissens-, Deutungs- und Aktionsformen oft zu reinen Lippenbekenntnissen verkommen. Dies ist gerade unter der Prämisse der Forcierung reiner markt- und wettbewerbsbestimmter Vorgehensweisen der Fall.
- Anzustreben ist auch die Erstellung eines Wissensatlas zur Vernetzung und Visualisierung von Bildungs- und Wissenspotentialen. Hierin sollten Kooperationspotentiale im Sinne einer regionalen Wissenskollaboration sichtbar gemacht werden. *„Das Konzept des Wissensatlasses leitet sich aus der*

Wissensmanagement-Literatur ab. Visualisierung gilt hier als eine Möglichkeit, ‚Zugangsbeschränkungen' zu Wissen zu verringern" (Minniberger und Schmidt 2011, S. 5).

Um den Aufbau und die Sicherstellung begleitender Strukturen zur systematischen Weiterentwicklung, Koordination, Abstimmung und Vernetzung der kommunalen Bildungsinfrastruktur als Gesamtsystem von Bildung, Lernen und Qualifikation (vgl. dazu für den Schulbereich z.B. Altrichter und Maag Merki 2010) zu gewährleisten, wäre es wichtig, alle jene Schnittstellen zwischen der Administration und den Bildungseinrichtungen, aber auch zwischen Interessengruppen in den Regionen und der wissenschaftlichen Begleitung innerhalb ausverhandelter Zielsetzungen zu berücksichtigen. Dafür bilden Prozessbegleitmaßnahmen wie eine flächendeckende Beratungsstruktur eine unumgängliche Basis. Die Schaffung verlässlicher regionaler und sozialer Ankerpunkte für Menschen vor Ort bietet in diesem Sinne Chancen dafür, gesellschaftlichen Wandel mitgestalten zu können. Dazu bedarf es aber auch der adäquaten Begrifflichkeiten, die die Gestaltungskraft von (Weiter-)Bildung für viele Prozesse der Regionalentwicklung fassen können. Jenseits des reinen Kompensationsgedankens geht es um jene Art von sozialer Resonanz, in der Menschen erleben, wie ihnen die Welt antwortend, sie tragend oder ausschließend, wohlwollend oder befremdend gegenübertritt. Solche Resonanzerfahrungen sind unumgänglich für soziale Anerkennungserfahrungen. Wird dieses Resonanzfeld entleert, führt das dazu, dass uns die Dinge und andere Menschen tendenziell fremd werden. Wir interagieren mit ihnen nur noch instrumentell. Es fehlt die Zeit dafür, dass man sich Dinge zu eigen macht und dass man sich von ihnen berühren lässt. Diese Entfremdung ist genau das Gegenteil von Resonanzerfahrungen, sie ist das Verstummen der Welt. Wer entfremdet ist von der Welt, der erfährt sie als kalt, feindlich oder zumindest gleichgültig.

Erwachsenenbildung kann dazu beitragen, den Stellenwert der individuellen Handlungsfähigkeit innerhalb solcher lokaler, biographischer Resonanzräume zu erhöhen. Sie kann dabei die sozial gebundenen Perspektiven der Menschen erweitern und in ihren gesellschaftlichen Bezügen begreifbar und gestaltbar machen und im Sinne einer Zivilgesellschaft erweitern. Gerade die großflächig auf OECD/EU-Leitlinien getrimmte Form der Erwachsenenbildung hat sich aber in den letzten Jahrzehnten grundlegend von einem Projekt der Gesellschaftsveränderung und Emanzipation zu einer Praxis und Förderung der Individualisierung, der Privatisierung und der Instrumentalisierung gewandelt. Die hierbei immer deutlicher akzentuierten Tendenzen der Individualisierung und der Kommerzialisierung leiten die emanzipatorischen Elemente verstärkt in die Richtung von

Managemententwicklung, hin zu Instrumenten des beruflichen Weiterkommens, zum Jobtraining oder zu anderen Formen der beruflichen Weiterbildung. Derartige Prozesse bedürfen auf der strukturellen Seite aber der Entwicklung von kollektiven Verantwortungs- und Steuerungsgemeinschaften. Hier ist dafür zu sorgen, dass ein ausgewogenes Verhältnis von staatlich-kommunalen Strukturen und Ressourcen auf der einen Seite und ein konsensuales und zielorientiertes Handeln von beteiligten Anbietern bzw. Anbieterinnen und Nutzern bzw. Nutzerinnen auf der anderen Seite besteht. Demzufolge könnte gemeinsam nach neuen Spiel- und Handlungsräumen gesucht werden. Für die Bildungsanbieter und -anbieterinnen hätte dies den Vorteil, ihre Kernkompetenzen regional näher an den Lebenswirklichkeiten der Menschen zu bestimmen und in einer umsetzungspotenten und vernetzten Handlungsgemeinschaft durchzuführen. Die Kommunen könnten dadurch ihre oft sehr eingeschränkten finanziellen Mittel zielgenauer bündeln und innerhalb regional ausverhandelter Leitziele besser begründen.

Dabei muss immer wieder betont werden, dass eine Verbesserung der Bildungsgerechtigkeit im Sinne der Aufwertung allokativer Ressourcen stets über das Verhältnis von sogenannten öffentlichen Räumen und den privaten Verfügungsbereichen zu bestimmen ist. Regionalisierende Festschreibungen sozialer und materieller Gegebenheiten bzw. deren wirtschaftliche Inklusions- und Exklusionsphänomene sind Ausdruck gesellschaftspolitischer Selbstvergewisserungsprozesse, welche Lebensbedürfnisse öffentlich sichergestellt werden müssen und inwieweit der Staat eine solche Sicherstellung als demokratiepolitischen Sicherungsauftrag versteht. Die Paradigmen Markt oder Staat, Eigenverantwortung oder Gemeinwesen sind hierbei zwar auf vielen Ebenen grundsätzlich kombinierbar, aber letztlich müssen dabei vorrangig stets zwei Fragen geklärt werden: Wie viel Ungleichheit kann eine Gesellschaft ertragen und welches Verhältnis von Gesellschaft und Individuum wird vorausgesetzt?

Literatur

AG Frauen (2007). Gemeinsames Hypothesenpapier der AG Frauen. In: Forum Umwelt & Entwicklung (Hrsg.), *Veränderung von Staatlichkeit und öffentliche Güter – Voraussetzungen für Nachhaltigkeit, Geschlechtergerechtigkeit und Sicherung der Lebensgrundlagen* (livelihood) (S. 6-9). Berlin, Hamburg, Osnabrück, Bonn.

Alheit, P. (1996). Biographisches Lernen als gesellschaftliches Veränderungspotential. In: K. Ahlheim & W. Bender (Hrsg.), *Lernziel Konkurrenz? Erwachsenenbildung im „Standort Deutschland". Eine Streitschrift* (S. 179-196). Opladen: Leske & Budrich.

Alheit, P. (2010). Lernwelt „Nachbarschaft". Zur Wiederentdeckung einer wichtigen Dimension. In: A. Pilch-Ortega, A. Felbinger, R. Mikula & R. Egger (Hrsg.), *Macht – Eigensinn – Engagement. Lernprozesse gesellschaftlicher Teilhabe* (S. 121-136). Wiesbaden: VS Verlag für Sozialwissenschaften.

Alheit, P. et al. (2010). *Die Göttinger Nachbarschaftsstudie. Am Beispiel Lehneberg*. Göttingen: Selbstverlag.

Alheit, P., Dausien, B., Kaiser, M. & Truschkat, I. (2003). *Neue Formen (selbst) organisierten Lernens im sozialen Umfeld. Qualitative Analyse biographischer Lernprozesse in innovativen Lernmilieus QUEM.* (Materialien Nr. 43). Berlin.

Alheit, P., Haack, H., Hofschen, H. G. & Meyer-Braun, R. (1999). *Gebrochene Modernisierung – Der langsame Wandel proletarischer Milieus. Eine empirische Vergleichsstudie ost- und westdeutscher Arbeitermilieus in den 1950er Jahren. Bd. 1. Sozialgeschichtliche Rekonstruktionen, Bd. 2. Soziologische Deutungen.* Bremen.

Allmendinger, J. & Aisenbrey, S. (2002). Soziologische Bildungsforschung. In: R. Tippelt (Hrsg.), *Handbuch Bildungsforschung* (S. 41-60). Opladen: Leske & Budrich.

Altrichter, H. & Maag Merki, K. (Hrsg.) (2010). *Handbuch Neue Steuerung im Schulsystem.* Wiesbaden: VS Verlag für Sozialwissenschaften.

Antonovsky, A. (1997). *Salutogenese. Zur Entmystifizierung der Gesundheit.* Tübingen: Dgvt.

Augé, M. (1994). *Orte und Nicht-Orte. Vorüberlegungen zu einer Ethnologie der Einsamkeit.* Frankfurt am Main: S. Fischer.

Baethge, H. & Bartelheimer, P. (2005). Deutschland im Umbruch. In: SOFI et al. (Hrsg.), *Berichterstattung zur sozialökonomischen Entwicklung in Deutschland* (S. 13). Wiesbaden: VS Verlag für Sozialwissenschaften.

Bartels, J. (1975). *Interdependenzen zwischen dem Angebot und der Nachfrage nach Plätzen der Sekundarschulstufe bei Angehörigen unterschiedlicher Schichtzugehörigkeit in einer Großstadt.* Berlin (Dissertation Universität Berlin).

Barz, H. & Tippelt, R. (Hrsg.). (2004). *Weiterbildung und soziale Milieus in Deutschland.* 2 Bde. Bielefeld: W. Bertelsmann.

Bauman, Z. (2009). *Leben als Konsum.* Hamburg: Hamburger Edition.

Bauman, Z. (2010). *Wir Lebenskünstler.* Frankfurt am Main: Suhrkamp.

Beck, U. (1997). Ortspolygamie. In: U. Beck (Hrsg.), *Was ist Globalisierung? Irrtümer des Globalismus – Antworten auf Globalisierung* (S. 127-135). Frankfurt am Main: Suhrkamp.

Benz, A. & Fürst, D. (2003). Erfolgsbedingungen für „Regional Governance" – Resümee. In: B. Adamschek & M. Pröhl (Hrsg.), *Regionen erfolgreich steuern. Regional Governance – von der kommunalen zur regionalen Strategie* (S. 189-211). Gütersloh: Verlag Bertelsmann-Stiftung.

berlinpolis (2005). *Soziale Gerechtigkeit in Europa – Wie erfolgreich sind die Mitgliedstaaten?* Online: www.berlinpolis.de/download.php?file=soziale_gerechtigkeit_paper.pdf&type=pdf [Stand: 2005-11-02].

Bernt, M. & Liebmann, H. (Hrsg.) (2013). *Peripherisierung, Stigmatisierung, Abhängigkeit? Deutsche Mittelstädte und ihr Umgang mit Peripherisierungsprozessen.* Wiesbaden: Springer VS.

Blackwell, L. & Bynner, J. (2002). *Learning, family formation and dissolution. Wider Benefits of Learning.* (Research Report No.4). London.

Blasius, J. & Georg, W. (1992). *Clusteranalyse und Korrespondenzanalyse in der Lebensstilforschung – ein Vergleich am Beispiel der Wohnungseinrichtung.* (ZA-Information 30), S. 112-133.

Bogumil, J. & Grohs, S. (2010). Möglichkeiten und Grenzen von Regionalverwaltungen. In: J. Bogumil & S. Kuhlmann (Hrsg.), *Kommunale Aufgabenwahrnehmung im Wandel. Kommunalisierung, Regionalisierung und Territorialreform in Deutschland und Europa* (S. 89-110). Wiesbaden: VS-Verlag.

Böhnisch, L. & Münchmeier, R. (1990). *Pädagogik des Jugendraums.* Weinheim und München: Juventa.

Bollier, D. (2009). Gemeingüter – eine vernachlässigte Quelle des Wohlstandes. In: Heinrich-Böll-Stiftung, S. Helfrich (Hrsg.), *Wem gehört die Welt? Zur Wiederentdeckung der Gemeingüter* (S. 28-38). München: oekom-Verlag.

Böttcher, W. & Klemm, K. (2000). Das Bildungswesen und die Reproduktion von herkunftsbedingter Benachteiligung. In: B. Frommelt, K. Klemm, E. Rösner, K.-J. Tillmann (Hrsg.), *Schule am Ausgang des 20. Jahrhunderts* (S. 11-44). Weinheim: Juventa.

Bourdieu, P., & Passeron, J.-C. (1971). *Die Illusion der Chancengleichheit.* Stuttgart: Klett.

Bourdieu, P. (1987). *Die feinen Unterschiede. Kritik der gesellschaftlichen Urteilskraft.* Frankfurt am Main: Suhrkamp.

Bourdieu, P. (1991). Physischer, sozialer und angeeigneter physischer Raum. In: M. Wentz (Hrsg.), *Stadt-Räume. Die Zukunft des Städtischen* (S. 25-34). Frankfurt am Main: Suhrkamp.

Bourdieu, P. (1997). Ortseffekte. In: P. Bourdieu (Hrsg.), *Das Elend der Welt. Zeugnisse alltagsweltlichen Leidens an der Gesellschaft* (S. 159-168). Konstanz: Universitätsverlag.

Brandt, P. (2008). Abschied von der Grundversorgung? Weiterbildungspolitische Strategien gegen den brain drain in der Metropolregion Berlin-Brandenburg. In: *DIE-Zeitschrift für Erwachsenenbildung 3*, S. 26-31.

Bundesministerium für Unterricht, Kunst und Kultur; Bundesministerium für Wissenschaft und Forschung; Bundesministerium für Arbeit, Soziales und Konsumentenschutz; Bundesministerium für Wirtschaft, Familie und Jugend (2011). *Strategie zum lebensbegleitenden Lernen in Österreich. LLL:2020.* Wien.

Castel, R. (2000). *Die Metamorphosen der sozialen Frage. Eine Chronik der Lohnarbeit.* Konstanz: UVK Verlag.

Castel, R. (2005). *Die Stärkung des Sozialen. Leben im neuen Wohlfahrtsstaat.* Hamburg: Hamburger Edition.

Crouch, C. (2008). *Postdemokratie.* Frankfurt am Main: Suhrkamp.

Deinet, U. (1991). Das Aneignungskonzept: Eine pädagogische Praxistheorie für die Offene Kinder- und Jugendarbeit. In: *deutsche jugend* 6/1991.

Deutscher Bildungsrat. Die Bildungskommission (1975): *Bericht '75. Entwicklungen im Bildungswesen.* Bonn: Deutscher Bildungsrat.

Ditton, H. (2004). Schule und sozial-regionale Ungleichheit. In: W. Helsper & J. Böhme (Hrsg.), *Handbuch der Schulforschung* (S. 605-624).Wiesbaden: VS-Verlag.

Ditton, H. (2004). Der Beitrag von Schule und Lehrern zur Reproduktion von Bildungsungleichheit In: R. Becker & W. Lauterbach (Hrsg.), *Bildung als Privileg? Erklärungen und Befunde zu den Ursachen der Bildungsungleichheit* (S. 251-279). Wiesbaden. VS-Verlag.

Dörner, K. (2003). *Auf dem Weg zur heimlosen Gesellschaft.* In: Impulse 27, S. 26-29.

Dörner, K. (2007). *Leben und Sterben, wo ich hingehöre. Dritter Sozialraum und neues Hilfesystem.* Neumünster: Paranus.

Egger, R. (2006). *Gesellschaft mit beschränkter Bildung. Eine empirische Studie zur sozialen Erreichbarkeit und zum individuellen Nutzen von Lernprozessen.* Graz: Leykam.

Egger, R., Mikula, R., Haring, S., Felbinger, A. & Pilch-Ortega, A. (2008). *Orte des Lernens. Lernwelten und ihre biographische Aneignung.* Wiesbaden: VS-Verlag.

Eirmbter, W.- H. (1977). *Ökologische und strukturelle Aspekte der Bildungsbeteiligung.* Weinheim: Beltz Forschungsberichte (Inauguraldissertation).

Faltermaier, T. (2005). Subjektive Konzepte und Theorien von Gesundheit und Krankheit. In R. Schwarzer (Hrsg.), *Gesundheitspsychologie. Enzyklopädie der Psychologie* (S. 31-53). Göttingen: Hogrefe.

Feinstein, L. (2002). *Quantitative estimates of the social benefits of learning. 2. Health, depression and obesity. Wider Benefits of Learning.* (Research Report No.6). London.

Fernandez, K (2013). Grundversorgung Erwachsenenbildung – zur Frage der territorialen Bildungsgerechtigkeit. In: M. Stock, A. Dietzen, L. Lassnigg, J. Markowitsch & D. Moser (Hrsg.), *Neue Lernwelten als Chance für alle. Beiträge zur Berufsbildungsforschung.* Innsbruck: Studienverlag.

Filla, W. (2009). *Erwachsenenbildung in Europa: Ihre internationale Dimension. Einführung in die europäische Erwachsenenbildung am Beispiel ausgewählter Länder, Diskussionen und Projekte.* Skriptum IV: Südtirol. Online: http://files.adulteducation.at/voev_content/222-Erwachsenenbildung%20in%20Suedtirol.pdf [Stand: 2013-07-21].

Friebe, J. (2010). Exklusion und Inklusion älterer Menschen in Weiterbildung und Gesellschaft. In: M. Kronauer (Hrsg.), *Inklusion und Weiterbildung* (S. 141-184). Bielefeld: W. Bertelsmann.

Friebel, H. (2008). *Die Kinder der Bildungsexpansion und das lebenslange Lernen.* Augsburg: Ziel Verlag.

Friebel, H. (2012a). Weiterbildungsteilnahme und Sozialkapital. In: *Pädagogische Rundschau, 1/2012,* S. 81-95.

Friebel, H. (2012b). *Bildungsbiografien als kommunales Thema.* Vortrag gehalten zum Jahresforum der „Arbeitsgemeinschaft Weinheimer Initiative". Kiel.

Friedrichs, J. (1995). *Stadtsoziologie.* Opladen: Leske & Budrich.

Gasser-Steiner, P. (2005). Die Korrespondenzanalyse – Ein Verfahren zur explorativen Analyse verketteter Kreuztabellen. In: H. Stigler & H. Reicher (Hrsg.), *Praxisbuch: Empirische Sozialforschung in den Erziehungs- und Bildungswissenschaften* (S. 273-286). Innsbruck: Studienverlag.

Giddens, A. (1988). *Die Konstitution der Gesellschaft. Grundzüge einer Theorie der Strukturierung.* Frankfurt am Main: Campus.

Gnahs, D. (1997). *Die lernende Region als Bezugspunkt regionaler Weiterbildungspolitik.* In: R. Dobischat & Husemann R. (Hrsg.), Berufliche Bildung in der Region. Berlin, S. 25-38.

Gottschlich, D. & Vinz, D. (2007). Das Konzept der öffentlichen Güter und seine Relevanz für Nachhaltigkeit und Geschlechterpolitik – eine Einleitung. In: D. Gottschlich & D. Vinz (Hrsg.), *Veränderung von Staatlichkeit und öffentliche Güter – Voraussetzungen für Nachhaltigkeit, Geschlechtergerechtigkeit und Sicherung der Lebensgrundlagen (livelihood).* Dokumentation der AG Frauen des Forums Umwelt und Entwicklung. Bonn: Forum Umwelt & Entwicklung, S. 10-18.

Green, A., Preston, J. & Sabates, R. (2003). *Education, equity and social cohesion. A distributional model. Wider Benefits of Learning* (Research Report No.7). London: Centre for Research on the Wider Benefits of Learning.

Hahn, A. (1987). Soziologische Aspekte der Knappheit. In: K. Heinemanns (Hrsg.), *Soziologie wirtschaftlichen Handelns* (S. 119-132). Opladen: Westdeutscher Verlag.

Hammer, G., Moser, C. & Klapfer, K (2004). *Lebenslanges Lernen. Ergebnisse des Mikrozensus 2003.* Online: http://www.statistik.at/pub/neuerscheinungen/lernen_web.pdf [Stand: 2010-10-14].

Hardin, G. (1970). Die Tragik der Allmende. In: M. Lohmann (Hrsg.), *Gefährdete Zukunft. Prognose amerikanischer Wissenschaftler* (S. 30-48). München: Hanser.

Hessisches Weiterbildungsgesetz (2001). *Gesetz zur Förderung der Weiterbildung und des lebensbegleitenden Lernens im Lande Hessen.* Online: http://weiter.bildung.hessen.de/bas/PDF_HWBG_2006.pdf [Stand: 2012-02-20].

Hilpert, K. (1997). *Ausländer zwischen Integration und Marginalisierung. Zur Bedeutung kommunaler Quartierbildung und Traditionalisierung von Integrationsdefiziten beim Wechsel der Generationen.* Frankfurt am Main, Berlin, Bern, New York, Paris, Wien: Peter Lang.

Hillmert, S. (2007). Soziale Ungleichheit im Bildungsverlauf. In: R. Becker & W. Lauterbach (Hrsg.), *Bildung als Privileg.* Wiesbaden: VS Verlag für Sozialwissenschaften.

Hof, Chr. (2009). *Lebenslanges Lernen – eine Einführung.* Stuttgart: Kohlhammer.

Hurrelmann, K. (1995). *Einführung in die Sozialisationstheorie.* Weinheim: Beltz.

Jakob, G. (2009). Infrastrukturen und Anlaufstellen zur Engagementförderung in den Kommunen. In: Th. Olk, A. Klein & B. Hartnuß (Hrsg.), *Engagementpolitik. Die Entwicklung der Zivilgesellschaft als politische Aufgabe* (S. 233-259). Wiesbaden: VS Verlag für Sozialwissenschaften.

Kast, F. & Neuhofer, M. (2007). *Regionale Verteilung von Bildungschancen in Oberösterreich. Sage mir, wo du wohnst, und ich sage dir, was aus dir wird.* Online: http.//www.image.co.at/themen/dbdocs/LF_Neuhofer_04_07.pdf [Stand: 2012-02-20].

Kast, F. (2006). *„Denn wer hat, dem wird (dazu) gegeben, und er wird im Überfluss haben …"1* –bildungsschicht- und regionsspezifische Besuchsquoten des Gymnasiums (Sekundäranalyse der Volkszählungsdaten). In: *Erziehung und Unterricht*, März/April 3–4/06, S. 236-263.

Klemm U. (o.J.). *Lernende Regionen – ein neues Konzept ländlicher Bildungsarbeit?*

Kolland, F. & Ahmadi, P. (2010). *Bildung und aktives Altern – Bewegung im Ruhestand.* Bielefeld: W. Bertelsmann.

Kühn, M. & Weck, S. (2013). In: M. Bernt & H. Liebmann (Hrsg.), *Peripherisierung, Stigmatisierung, Abhängigkeit?* (S. 84-106). Wiesbaden: Springer VS.

Kuypers, H. & Leydendecker, B. (1982). *Erwachsenenbildung in der Praxis: Didaktik und Methodik.* Bad Heilbronn: Klinkhardt.

Land Steiermark (2011). *Strategie der Erwachsenenbildung/Weiterbildung im Rahmen des lebensbegleitenden Lernens in der Steiermark LLL-Strategie 2011-2015: Leitlinien, Schwerpunkte, Visionen und Maßnahmen für die Jahre 2011 bis 2015.* (unveröffentlicht).

Landesregierung Brandenburg (1997): *Weiterbildungsbericht 1996 für das Land Brandenburg.* Online: http://www.mbjs.brandenburg.de/cms/detail.php/5lbm1.c.60283.de [Stand: 2012-02-20].

Lange, H. (Hrsg.) (2008). *Nachhaltigkeit als radikaler Wandel. Die Quadratur des Kreises?* Wiesbaden: VS Verlag für Sozialwissenschaften.

LASTAT (2012a): *Administrative Einteilung der Steiermark.* Online: http://www.verwaltung.steiermark.at/cms/dokumente/10833985_25623119/008dfdaf/stmk2009_mitgrafik.pdf [Stand: 2012-02-10].

LASTAT (2012b): *Bevölkerungsentwicklung.* Online: http://www.verwaltung.steiermark.at/cms/ziel/97710/DE/ [Stand: 2012-02-10].

LASTAT (2012c): *Durchschnittsalter.* Online: http://www.verwaltung.steiermark.at/cms/dokumente/10004611_97710/8af3a05b/Durchschnittsalter-11.pdf [Stand: 2012-02-10].

LASTAT (2012d): *Erwerbstätige nach wirtschaftlicher Zugehörigkeit.* Online: http://www.verwaltung.steiermark.at/cms/dokumente/10006484_97688/8e3dbcb3/Erwerbst%C3%A4tige%20nach%20WS%202009%202.pdf [Stand: 2012-02-10].

LASTAT (2012e): *Senioren-Kind-Relation.* Online: http://www.verwaltung.steiermark.at/cms/dokumente/10004611_97710/6963ccc7/Senioren-Kind-Rel.-11.pdf [Stand: 2012-02-10].

LASTAT (2012f): *Wohnbevölkerung 1951 bis 2050.* Online: http://www.verwaltung.steiermark.at/cms/dokumente/10004611_74835068/d6ec8dad/WBprognose_abs%201951-2050.pdf [Stand: 2013-07-21].

Lernende Regionen (2012): *Abstimmung und Optimierung regionaler Bildungsangebote.* Online. http://www.lernende-regionen.at/de/page.asp?id=25 [Stand: 2013-07-21].

Löw, M. (2001). *Raumsoziologie.* Frankfurt am Main: Suhrkamp.

McCay, B. & Svein, J. (1996). Unvertrautes Gelände. Gemeineigentum unter der sozialwissenschaftlichen Lupe. In: A. Diekmann & C. C. Jaeger (Hrsg.), *Umweltsoziologie* (Kölner Zeitschrift für Soziologie und Sozialpsychologie, Sonderheft 36). Opladen, S. 272-291.

Meister, J.-J. (1971). *Erwachsenenbildung in Bayern. Empirisch-statistische Analyse einer kritischen Bestandsaufnahme in Bayern.* Stuttgart: Klett.

Minniberger, Chr. & Schmidt, S. (2011). *Der Wissensatlas – Überbrückung von institutionellen Distanzen durch Visualisierung von Wissenspotenzialen.* In: IRS AKTUELL, No 67, Juni 2011, S. 5.

Mörth, I. (2005). *Niedrigqualifizierte in Oberösterreich – der Weg in die Weiterbildung,* Referat beim Symposium „Der Weg in die Weiterbildung", Linz 2005. Servicestelle für Erwachsenenbildung OÖ. Online: http.//www.land-oberoesterreich.gv.at/cps/rde/xbcr/SID-3DCFCFC3-0C8E883B/ooe/Weiterbildungssymposium_2005_-_Praesentation_Moerth.pdf [Stand: 2005-07-20].

Müller-Hartmann, I. (2000). Regionale Bildungsungleichheit in Brandenburg. Eine Reanalyse der Volkszählungsergebnisse von 1981. In: P. Drewek (Hrsg.), *Politische Transformation und Eigendynamik des Schulsystems im 20. Jahrhundert. Regionale Schulentwicklung in Berlin und Brandenburg 1890 – 1990* (S. 208-229). Weinheim: Deutscher Studien-Verlag.

Münkler, H. (1994). *Zivilgesellschaft und Bürgertugend. Bedürfen demokratisch verfasste Gemeinwesen einer sozio-moralischen Fundierung?* (Öffentliche Vorlesungen Bd. 23). Berlin: HU Berlin.

Oltmann, F.-P. (2010). Rezension zu H.-J. Dahme & N. Wohlfahrt (Hrsg.), *Regiert das Lokale das Soziale?* Baltmannsweiler: Schneider Verlag Hohengehren. In: socialnet Rezensionen. Online: http.//www.socialnet.de/rezensionen/9547.php [Stand: 2013-07-21].

ÖROK – Österreichische Raumordnungskonferenz (2006). *Aufrechterhaltung der Funktionsfähigkeit ländlicher Räume: Dienstleistungen der Daseinsvorsorge und Regionale Gouvernance*. (Schriftenreihe Nr. 171). Wien.

Ostrom, E. (1999). *Die Verfassung der Allmende. Jenseits von Staat und Markt*. Tübingen: Mohr Siebeck.

Ostrom, E. (2009). Gemeingütermanagement – Eine Perspektive für bürgerschaftliches Engagement. In: Heinrich-Böll-Stiftung, S. Helfrich (Hrsg.), *„Wem gehört die Welt. Zur Wiederentdeckung der Gemeingüter* (S. 218-228). München: oekom.

Pongratz, H. J. & Voß, G. G. (Hrsg.) (2004). *Typisch Arbeitskraftunternehmer? Befunde der empirischen Arbeitsforschung*. Berlin: edition sigma.

Rammstedt, O. (1976). „Konkurrenz" In: J. Ritter & K. Gründer (Hrsg.), *Historisches Wörterbuch der Philosophie* (S. 970-974). Bd. 4. Basel: Schwabe.

Rawls, J. (1999). *Eine Theorie der Gerechtigkeit*. Frankfurt am Main: Suhrkamp.

Rawls, J. (2001). Gerechtigkeit als Fairness. Politisch und nicht metaphysisch. In: J. Rawls (Hrsg.), *Die Idee des politischen Liberalismus. Aufsätze 1978-1989* (S. 255-292). Frankfurt am Main: Suhrkamp.

Rosenbladt, B. v. & Bilger, F. (2008). *Weiterbildungsverhalten in Deutschland*. Bd. 1. Bielefeld: W. Bertelsmann.

Salzburger Erwachsenenbildung, Verein zur Förderung der Erwachsenenbildung und des öffentlichen Bibliothekswesens im Land Steiermark/Förderstelle des Bundes für Erwachsenenbildung für Salzburg (2001). *Regionale Entwicklung der Weiterbildung in Salzburg in den neunziger Jahren*. Salzburg: Eigenverlag.

Sauer, B. (2001). *Öffentlichkeit und Privatheit revisited(β). Grenzneuziehungen im Neoliberalismus und die Konsequenzen für Geschlechterpolitik*. In: Kurswechsel 4/2001, S. 5-12. Online:http.// www.beigewum.at/wordpress/wp-content/uploads/005_birgit_sauer.pdf [Stand: 2013-04-18].

Schaffer, F. (1993) (Hrsg.). *Innovative Regionalentwicklung. Von der Planungsphilosophie zur Umsetzung*. Augsburg: Universitätsverlag.

Schroer, Markus (2006). Raum, Macht und soziale Ungleichheit. In: *Leviathan 2006/1*, S. 105-123.

Schwerdtfeger, J. & Andräs, H.-J. (1970). *Bestandsaufnahme zur Erwachsenenbildung: Eine empirisch-statistische Untersuchung. Bildung in neuer Sicht* (Reihe A, Nr. 22). Villingen: Neckar-Verlag.

Sennett, R. (1998). *Der flexible Mensch. Die Kultur des neuen Kapitalismus*. Berlin: Hanser.

Sennett, R. (2002). *Respekt im Zeitalter der Ungleichheit*. Berlin: Hanser.

Standing, G. (2011). *The Precariat. The New Dangerous Class*. London: Bloomsbury.

Statistik Austria (Hrsg.) (2004). Lebenslanges Lernen. Ergebnisse des Mikrozensus Juni 2003. Wien.

Strohmeier, K. P. (2003). *Gutachten für die Enquetekommission „Zukunft der Städte in NRW" des Landtages Nordrhein-Westfalen*, ZEFIR. Bochum.

Thiery, P. (1992). Zivilgesellschaft – ein liberales Konzept? In: H.-J. Lauth, M. Mols & W. Weidenfeld (Hrsg.), *Zur Relevanz theoretischer Diskurse. Überlegungen zu Zivilgesellschaft, Toleranz, Grundbedürfnissen, Normanwendung und sozialen Gerechtigkeitsutopien* (Politikwissenschaftliche Standpunkte Bd. 1). Mainz, S. 69-89.

Vester, M. (1998). Klassengesellschaft ohne Klassen. Auflösung oder Transformation der industriegesellschaftlichen Sozialstruktur? In: P. L. Berger & M. Vester (Hrsg.), *Alte Ungleichheiten. Neue Spaltungen* (S. 109-147). Opladen: VS Verlag für Sozialwissenschaften.

Wagner, M. (1990). Regionale Herkunft und Lebenslauf. In: L. Bertels & U. Herlyn (Hrsg.), *Lebenslauf und Raumordnung. Biographie und Gesellschaft 9* (S. 123-140). Opladen: Leske & Budrich.

Weishaupt, H. (2009). Bildung und Region. In: R. Tippelt & B. Schmidt (Hrsg.), *Handbuch Bildungsforschung* (S. 217-231). 2. überarbeitete und erweiterte Auflage. Wiesbaden: VS Verlag.

Weishaupt, H. & Böhm-Kasper, O. (2009). Weiterbildung in der regionalen Differenzierung. In: R. Tippelt & A. v. Hippel (Hrsg.), *Handbuch Erwachsenenbildung/Weiterbildung* (S. 789-799). Wiesbaden: VS Verlag.

Weiß, W. (2011). *Kommunale Bildungslandschaften. Chancen, Risiken und Perspektiven*. Weinheim & München: Juventa.

Weltentwicklungsbericht 2006. *Chancengerechtigkeit und Entwicklung*. Düsseldorf: Droste 2006.

Weltentwicklungsbericht 2007. *Entwicklung und die nächste Generation*. Düsseldorf: Droste 2007.

Weltentwicklungsbericht 2009. *Wirtschaftsgeografie neu gestalten*. Düsseldorf: Droste 2009.

Werlen, B. (1997). *Sozialgeographie alltäglicher Regionalisierungen. Band 2. Globalisierung, Region und Regionalisierung*. Stuttgart: Franz Steiner Verlag.

Wiedemair, M. (2001). *Projektbeschreibung: Entwicklung des regionalen Angebots an Weiterbildung im Land Salzburg. Untersuchung und Weiterentwicklung des Angebots an Weiterbildungsveranstaltungen in den Landbezirken Salzburgs*. Online: http://www.oenb.at/ebusinessjf/jublfonds/pr ojectsearch?id=2671&action=detailview&origin=resultlist [Stand: 2012-02-20].

Zettler, L. (2002). *Interaktive Landschaftsentwicklung*. 2. Aufl. Augsburg.

The manufacturer's authorised representative in the EU is Springer Nature Customer Service Centre GmbH, Europaplatz 3, 69115 Heidelberg, Germany. If you have any concerns regarding our products, please contact ProductSafety@springernature.com

Printed and bound by CPI Group (UK) Ltd, Croydon, CR0 4YY

23/03/2026

02076395-0004